Aktuelles Meldewesen

Sofort einsetzbare Checklisten, Vorlagen und Leitfäden
gemäß dem Bundesmeldegesetz

FORUM Stand März 2024

EINLEITUNG

Einführung

Allgemeine Meldepflicht

Grundsatz

Wer eine Wohnung bezieht, hat sich innerhalb von zwei Wochen nach dem Einzug bei der Meldebehörde anzumelden, § 17 Abs. 1 Bundesmeldegesetz (BMG), in dieser Darstellung in der Fassung vom 3. Mai 2013 (BGBl. I S. 1084, 2014 S. 1738), zuletzt geändert durch das Gesetz zur Durchführung der Verordnung (EU) 2021/784 des Europäischen Parlaments und des Rats vom 29. April 2021 zur Bekämpfung der Verbreitung terroristischer Online-Inhalte und zur Änderung weiterer Gesetze vom 21. Juli 2022 (BGBl. I S. 1182).

Wichtig ist dies: In der Bundesrepublik Deutschland herrscht eine allgemeine Meldepflicht. Das bedeutet, dass jeder, der eine Wohnung bezieht, dies anzumelden hat. Das bedeutet weiter, dass jeder, der aus einer Wohnung in das Ausland verzieht, dies ebenfalls anzumelden hat. Auch Gäste in Hotels, Pensionen oder auf Campingplätzen haben sich anzumelden. Von dieser Pflicht gibt es nur ganz wenige, im Gesetz genau beschriebene Ausnahmen.

Zweck der allgemeinen Meldeverpflichtung

Die allgemeine Meldepflicht ist kein Selbstzweck. Sie hat auch nicht den Sinn, den Bürger oft vermuten, nämlich, den Bürger zu gängeln oder zu überwachen.

Das Ziel ist, dem Staat eine jederzeitige Übersicht darüber zu ermöglichen, wer wo wohnt. Das Meldewesen ist das informationelle Rückgrat einer modernen, bürgerorientierten Verwaltung. Zum Beispiel werden Pässe und Personalausweise in der Regel auf der Grundlage der Meldedaten ausgestellt. Auch für viele andere Verwaltungsvorgänge greifen die Behörden auf Meldedaten zu. Ohne das Meldewesen wären die Aufwände der Bürgerinnen und Bürger, entsprechende Nachweise gegenüber der Verwaltung zu erbringen, unverhältnismäßig hoch und für den einen oder anderen sicher auch gar nicht leistbar.

Der Meldeort entscheidet auch darüber, welche Behörden für die Anliegen oder Belange einer konkreten Bürgerin oder eines konkreten Bürgers (örtlich) zuständig ist.

Die Meldedaten bieten zudem die entscheidende Grundlage für staatliche Planungen. So kann z. B. die Planung für den zukünftigen Bedarf an Schul- oder KiTa-Plätzen nur auf der Grundlage vollständiger Meldedaten erfolgen, weil erst diese Daten eine Abschätzung der Bevölkerungsentwicklung und der Stärken der jeweiligen Jahrgänge ermöglichen.

Auch Wahlen und Abstimmungen werden auf der Grundlage der Meldedaten vorbereitet. Das betrifft nicht nur die automatische Befüllung von Wählerverzeichnissen (anders als in den USA, wo sich jeder Wähler selbst registrieren lassen muss), sondern ist auch eine wichtige Planungsgröße für die Finanzzuweisungen vom Land an die Kommunen.

Auch Privatpersonen und Unternehmen können Meldedaten in gesetzlich definiertem, engem Umfang nutzen, etwa um Forderungen durchzusetzen.

Einführung

Aufgaben und Befugnisse der Meldebehörden

Meldebehörden

Meldebehörden sind die durch Landesrecht dazu bestimmten Behörden. Welche Behörde also mit den Aufgaben des Meldewesens betraut wird, entscheiden die Länder eigenständig. Das gilt für die örtliche wie auch für die sachliche Zuständigkeit (Nr. 1 BMGVwV).

Aufgaben und Befugnisse

Das Bundesmeldegesetz trennt davon scharf die Aufgaben und Befugnisse, welche die Meldebehörden haben sollen, indem es diese Aufgaben und Befugnisse in einem eigenen Paragrafen (§ 2 BMG) regelt. Dabei ist auch klar, dass die Aufgaben und Befugnisse der Meldebehörden streng im Hinblick auf den Zweck des Melderegisters definiert sind. Das Bundesmeldegesetz setzt als Bundesgesetz Mindeststandards, die flächendeckend in der gesamten Bundesrepublik Deutschland gelten. Die so definierten Befugnisse können jedoch durch Landesrecht erweitert werden, indem den Meldebehörden durch Landesrecht weitere Aufgaben zugewiesen werden.

Registrierung der Einwohner

Die primäre Aufgabe der Meldebehörden ist danach, die in ihrem Zuständigkeitsbereich wohnhaften Personen (Einwohner) zu registrieren, um deren Identität und deren Wohnung feststellen und nachweisen zu können. Durch den Klammerzusatz in § 2 Abs. 1 BMG werden die im Zuständigkeitsbereich der Meldebehörden wohnhaften Personen als „Einwohner" definiert. Dadurch führt das Gesetz gleichzeitig einen geschlechtsneutralen Begriff ein, ohne das Gesetz im Übrigen durchgängig in eine geschlechtsneutrale Sprache anpassen zu müssen.

Der Begriff „Einwohner" bezeichnet dabei jede natürliche Person, die im Zuständigkeitsbereich der Meldebehörde ihren Wohnsitz hat. Juristische Personen werden im Bundesmeldegesetz nicht erfasst.

Im Meldebezirk wohnhaft und damit Einwohner im Sinne des Bundesmeldegesetzes sind nicht nur diejenigen natürlichen Personen, die im Meldebezirk ihren gewöhnlichen Aufenthalt haben. Darunter fallen auch Reisende, die in Beherbergungsstätten absteigen, oder in Krankenhäusern, Heimen oder ähnlichen Einrichtungen aufgenommene Personen. Das ist nötig, weil sonst für diesen Personenkreis keine Meldepflicht entstehen und auch keine Ausnahme von der Meldepflicht zugelassen werden könnte. Sie wären weiter an ihrem Herkunftsort meldepflichtig, obwohl sie sich dort vorhersehbar für eine längere Zeit oder auf Dauer aufhalten werden.

„Registrierung" ist definiert als die Eintragung in ein Verzeichnis.

Führung des Melderegisters

Nun nützt die bloße Registrierung der Einwohner nichts, wenn die Meldebehörde mit diesen Informationen nicht arbeiten kann. Deshalb ist die sekundäre Aufgabe der Meldebehörden, das Melderegister zu führen.

Einwohnermeldedaten werden von jeher in einer von der Meldebehörde geführten Datei gespeichert. Dabei ist das Melderegister kein öffentliches Register, in das jeder beliebig Einsicht nehmen könnte. Es erhebt auch nicht den Anspruch auf Vollständigkeit und Richtigkeit, sodass die Eintragungen im Register keinen öffentlichen Glauben genießen. Es geht nur darum, die Wirklichkeit, so gut es eben geht, abzubilden.

Jede geordnete Sammlung der Einwohnerdaten, die in elektronischer Form vorliegt und eine automatisierte Datenverarbeitung erlaubt, ist ein Melderegister in diesem Sinne. Auch deshalb sind bei der Führung des Melderegisters datenschutzrechtliche Vorschriften strikt einzuhalten. Jede Meldebehörde hat mindestens ein alphabetisch geordnetes Melderegister zu führen. Dieses Register darf für jede Person nur einen Datensatz enthalten.

Erteilung von Melderegisterauskünften

Zu den Aufgaben der Meldebehörde gehört auch die Erteilung von Melderegisterauskünften, die Mitwirkung bei der Durchführung von Aufgaben anderer Behörden und sonstigen öffentlichen Stellen sowie die Übermittlung von Daten.

Verarbeitung der gespeicherten personenbezogenen Daten

Die Verarbeitung personenbezogener Daten steht aus verfassungsrechtlichen Gründen unter dem Vorbehalt des Gesetzes. Das heißt, dass personenbezogene Daten nur dann verarbeitet werden dürfen, wenn es dafür eine gesetzliche Grundlage gibt.

Erst diese gesetzliche Grundlage erlaubt es überhaupt, personenbezogene Daten zu verarbeiten. Und diese gesetzliche Grundlage setzt den Rahmen, in dem die (erlaubte) Verarbeitung zulässig ist, indem sie die allein zulässigen Zwecke definiert.

Im melderechtlichen Kontext definiert das Bundesmeldegesetz (BMG) die einzigen zulässigen Zwecke, für die im Melderegister erfasste Daten verwendet werden dürfen. Jegliche Verwendung der Meldedaten zu einem Zweck, der im Bundesmeldegesetz nicht ausdrücklich für zulässig erklärt ist, ist illegal.

Die Art und Weise der Datenverarbeitung ist dann an die speziellen datenschutzrechtlichen Vorgaben gebunden. Besonders hervorzuheben ist in dem Zusammenhang die Datenschutzgrundverordnung (DSGVO), in deren Art. 4 Nr. 2 die Verarbeitungstatbestände definiert sind. Datenverarbeitung ist demnach

- die Erhebung,
- die Verarbeitung (Speichern, Verändern, Übermitteln, Sperren und Löschen),
- die Nutzung personenbezogener Daten unter Einsatz von Datenverarbeitungsanlagen (automatisierte Verarbeitung) und
- die Erhebung, Verarbeitung und Nutzung in oder aus nicht automatisierten Dateien.

Da Meldedaten personenbezogen und zudem höchst sensibel sind, definiert das BMG für die Datenverarbeitung im melderechtlichen Kontext ergänzende und spezielle Anforderungen an die Datenverarbeitung. Auch hier gilt, dass jede Form der Verarbeitung personenbezogener Daten, die von den Vorgaben des BMG abweicht, illegal ist.

Einführung

Übersicht über die Rechtsgrundlagen

Melderecht

Grundgesetz

Nach Art. 73 Abs. 1 Nr. 3, 3. Var. GG hat der Bund die ausschließliche Gesetzgebungskompetenz für das Melde- und Ausweiswesen. Demnach kann nur der Bund das Melderecht regeln, Art. 70 Abs. 1 GG.

Bundesmeldegesetz

Die wichtigste und zentrale Regelung des Melderechts trifft das Bundesmeldegesetz vom 3. Mai 2013 in der jeweils aktuellen Fassung. Der Bund hat mit der Verabschiedung des Bundesmeldegesetzes die ihm ausschließlich zustehende Gesetzgebungskompetenz genutzt, um ein bundesweit einheitliches Melderecht zu schaffen.

Allgemeine Verwaltungsvorschrift zur Durchführung des Bundesmeldegesetzes

Dazu ist mit der Allgemeinen Verwaltungsvorschrift zur Durchführung des Bundesmeldegesetzes (BMGVwV) auf Bundesebene unter Beteiligung der Länder eine Verwaltungsvorschrift entstanden, die wichtige und für die ausführenden Meldebehörden verbindliche Erläuterungen zum Bundesmeldegesetz enthält. Der Gesetzgeber hat somit von seiner Kompetenz Gebrauch gemacht, die im Bundesmeldegesetz enthaltenen Rechtsbegriffe für die praktische Anwendung durch die Meldebehörden zu definieren und so vorzugeben, wie er das Bundesmeldegesetz verstanden haben will.

Ausführungsgesetze der Länder zum Bundesmeldegesetz

Der Bund steht gem. Art. 73 Abs. 1 Nr. 3, 3. Var. GG die ausschließliche Gesetzgebungskompetenz im Melde- und Ausweiswesen zu. Die Durchführung des Bundesmeldegesetzes obliegt aber den Ländern. Damit das gelingt, haben die Länder Ausführungsgesetze zum Bundesmeldegesetz erlassen, in denen beispielsweise die Meldebehörden erst landesrechtlich definiert werden. Die Zuweisung der Aufgaben der Meldebehörden sowie die örtliche und die sachliche Zuständigkeit werden gem. § 1 BMG durch Landesrecht bestimmt.

Im Allgemeinen heißen diese Ausführungsgesetze in den Ländern auch so. Nur Schleswig-Holstein nennt sein Ausführungsgesetz „Meldegesetz für das Land Schleswig-Holstein (LMG)".

Staatsangehörigkeitsrecht

Grundgesetz

In Art. 116 GG ist definiert, wer als Deutscher im Sinne des Grundgesetzes gilt. Deutscher ist danach im Wesentlichen, wer die deutsche Staatsangehörigkeit besitzt.

Nach Art. 73 Abs. 1 Nr. 2 GG hat der Bund auch hier die ausschließliche Gesetzgebungskompetenz.

Staatsangehörigkeitsgesetz

Die deutsche Staatsangehörigkeit und wie sie erworben wird, ist abschließend im Staatsangehörigkeitsgesetz (StAG) vom 22. Juni 1913 in der aktuell gültigen Fassung umfassend geregelt.

Das Staatsangehörigkeitsrecht wurde erstmals 1913 im Reichs- und Staatsangehörigkeitsgesetz (RuStAG) kodifiziert. Mit Wirkung vom 1. Januar 2000 wurde das RuStAG in „Staatsangehörigkeitsgesetz" umbenannt. Mit Wirkung vom 1. Januar 2005 wurden dann auch die Regelungen zur Einbürgerung von Ausländern aus dem Ausländergesetz vollständig in das Staatsangehörigkeitsgesetz überführt.

Im Januar 2024 hat der Bundestag einem Gesetzentwurf zugestimmt, mit dem sich der Bund von einigen bisher zentralen Prinzipien des deutschen Staatsangehörigkeitsrechts, die teilweise noch aus der Zeit der Schaffung des RuStAG stammten, verabschiedet. So sieht die Reform vor, dass

- die für eine Einbürgerung notwendige Aufenthaltsdauer auf fünf Jahre gesenkt wird,
- doppelte Staatsangehörigkeiten grundsätzlich möglich sind und
- in Deutschland geborene Kinder ausländischer Eltern grundsätzlich die deutsche Staatsangehörigkeit erhalten, wenn mindestens ein Elternteil seit mehr als fünf Jahren rechtmäßig in der Bundesrepublik Deutschland lebt.

Hinweis:

Bei Abfassung dieses Beitrages war das Reformgesetz (5. Gesetz zur Änderung des Staatsangehörigkeitsgesetzes) noch nicht in Kraft.

Vorläufige Anwendungshinweise (VAH) des Bundesministeriums des Innern (BMI) zum StAG

Der Bund hat auch hier von der Möglichkeit Gebrauch gemacht, Vorgaben für die Anwendung (genauer: Interpretation) des StAG zu machen. Das BMI nennt diese Vorgaben „Vorläufige Anwendungshinweise des Bundesministeriums des Innern zum Staatsangehörigkeitsgesetz (StAG)“. Laut Präambel dienen die VAH-StAG der „sachgerechten Anwendung des StAG“.

ALLGEMEINES

Merkblatt

Auskunftsrecht – Selbstauskunft

Rechtsgrundlagen

Artikel 15 der Verordnung (EU) 2016/679 des Europäischen Parlaments und des Rates vom 27.04.2016 zum Schutz natürlicher Personen bei der Verarbeitung personenbezogener Daten, zum freien Datenverkehr und zur Aufhebung der Richtlinie 95/46/EG (Datenschutz-Grundverordnung – DSGVO)

§ 10 BMG

§ 34 BDSG

Welche Auskunftsrechte bestehen?

Der Auskunftsanspruch selbst und sein Umfang ergeben sich unmittelbar aus Art. 15 DSGVO. Danach kann die betroffene Person von dem Verantwortlichen Auskunft darüber verlangen, welche Daten über sie dort gespeichert sind oder verarbeitet werden. Mit dem Auskunftsrecht schafft Art. 15 DSGVO eine Grundlage dafür, dass andere Betroffenenrechte (wie das Recht auf Berichtigung, Löschung, Einschränkung der Verarbeitung, aber auch das Widerspruchsrecht) zielgerichtet geltend gemacht werden können.

Was umfasst das Auskunftsrecht?

Das Auskunftsrecht umfasst alle Daten und Informationen über die betroffene Person (Art. 4 Abs. 1 Nr. 1 DSGVO), die beim Verantwortlichen vorhanden sind. Das Auskunftsrecht bezieht sich also nicht nur auf die sog. Stammdaten wie Name, Anschrift und Geburtsdatum, sondern beispielsweise auch auf die mit der betroffenen Person geführte Kommunikation und behördeninterne Vermerke, soweit diese personenbezogenen Daten der betroffenen Person enthalten.

> **Hinweis:**
>
> Die Inanspruchnahme des Auskunftsrechts ist grundsätzlich gebührenfrei. Wird der betroffenen Person eine Kopie der verarbeiteten Daten übermittelt, so gilt dies jedoch nur für die erste Kopie (Art. 15 Abs. 3 Satz 2 DSGVO). Nach Art. 12 Abs. 5 DSGVO darf nur bei offenkundig unbegründeten oder exzessiven Anfragen entweder ein Entgelt verlangt oder die Auskunftserteilung verweigert werden. Exzessiv können Anfragen insbesondere bei häufiger Wiederholung sein.

Auch das Auskunftsrecht nach Art. 15 DSGVO wird nicht grenzenlos gewährt. Bei der Auskunftserteilung sind z. B. nach Art. 15 Abs. 4 DSGVO die Rechte und Freiheiten anderer Personen zu berücksichtigen. Damit werden in erster Linie die personenbezogenen Daten Dritter geschützt. Der Verantwortliche darf die Auskunft regelmäßig, aber nicht vollständig verweigern, sondern muss beispielsweise die Namen Dritter in Dokumenten schwärzen, um ihre Identität nicht zu offenbaren.

Weitere Einschränkungen des Auskunftsrechts können sich aus dem Bundesdatenschutzgesetz (BDSG) oder anderen deutschen Gesetzen wie dem Bundesmeldegesetz ergeben. Diese dienen beispielsweise dem Schutz der öffentlichen Sicherheit. Ein Auskunftsanspruch besteht auch nicht bei personenbezogenen Daten, die nur aufgrund von Aufbewahrungspflichten gespeichert werden oder die der Datenschutzkontrolle oder der Datensicherung (z. B. Protokoll- oder Archivdaten) dienen, wenn die Auskunftserteilung einen unverhältnismäßigen Aufwand erfordert und die Zweckbindung durch geeignete technische und organisatorische Maßnahmen sichergestellt ist. Ob die den Auskunftsanspruch einschränkenden Regelungen des § 34 BDSG mit der DSGVO vereinbar sind und angewendet werden können, ist im Einzelfall zu prüfen.

Wie ist der Auskunftsanspruch zu erfüllen?

Das Auskunftsrecht kann durch formlosen Antrag ohne Angabe von Gründen gegenüber dem Verantwortlichen geltend gemacht werden.

Bei persönlicher Vorsprache wird eine sofortige Erledigung oft nicht möglich sein. Ein telefonisches Auskunftsersuchen ist in der Regel unzulässig, da eine sichere Identifizierung des Anrufers nur schwer möglich ist. Der Verantwortliche muss jedoch sicherstellen, dass die personenbezogenen Daten nicht an unbefugte Dritte weitergegeben werden.

> **Hinweis:**
>
> Es empfiehlt sich daher, die Auskunft schriftlich oder in sicherer elektronischer Form (z. B. per De-Mail oder per verschlüsselter E-Mail, z. B. über das Programm GnuPG) anzufordern.

FORUM

03/2024

Sofern der Verantwortliche objektiv begründete Zweifel an der Identität des Auskunftsersuchenden hat, kann er zusätzliche Informationen zur Bestätigung der Identität verlangen (Art. 12 Abs. 6 DSGVO). Zur Legitimation kann die Kopie eines Ausweisdokuments verlangt werden, um eine eindeutige Zuordnung der gespeicherten Daten zur auskunftsbegehrenden Person vorzunehmen. Liegen triftige Gründe für die Vorlage einer solchen Ausweiskopie vor, werden regelmäßig nur Name, Anschrift, Geburtsdatum und Gültigkeitsdauer benötigt. Alle anderen im Ausweis befindlichen Daten (z. B. Ausweisnummer, Lichtbild, persönliche Merkmale, Staatsangehörigkeit) können auf der Kopie grundsätzlich geschwärzt werden. Die Daten auf der Ausweiskopie unterliegen zudem einer strengen Zweckbindung: Sie dürfen ausschließlich zur Identitätsprüfung verwendet werden, nicht aber in den Datenbestand der verantwortlichen Stelle einfließen.

Wird der Antrag elektronisch gestellt, ist der Verantwortliche verpflichtet, die Auskunft in einem gängigen elektronischen Format zu erteilen, sofern nicht ausdrücklich eine andere Form der Auskunftserteilung gewünscht wird. Bei der Erteilung der Auskunft in elektronischer Form ist darauf zu achten, dass – in Abhängigkeit vom Schutzbedarf der Daten – bestimmte Datensicherheitsmaßnahmen getroffen werden sollten. Gegebenenfalls kann eine elektronische Auskunft nur auf einem Datenträger (z. B. CD, DVD) erfolgen, der per Post versandt wird.

Merkblatt

Speicherung von Daten

1. Namen und Kontaktdaten des Verantwortlichen

Verantwortlicher laut Art. 13 Abs. 1 lit. a DSGVO:

____

____

____

____

____

____

Innerorganisatorisch für die Datenverarbeitung verantwortlich laut Art. 13 Abs. 1 lit. a DSGVO:

____

____

____

____

____

____

2. Kontaktdaten des Datenschutzbeauftragten

____

____

____

____

____

____

3. Zwecke der Datenverarbeitung und Rechtsgrundlage der Datenverarbeitung

Die Zwecke der Datenverarbeitung sind auf Grundlage von Art. 13 Abs. 1 lit. c Hs. 2 DSGVO wie folgt:

Meldebehörden

Die Meldebehörden haben personenbezogene Daten über die in ihrem Zuständigkeitsbereich wohnhaften Personen (Einwohner) zu erfassen, um deren Identität und Wohnanschrift feststellen und nachweisen zu können. Die Rechtsgrundlagen für die Verarbeitungstätigkeiten ergeben sich aus dem Bundesmeldegesetz, den Meldegesetzen der Länder und den bundes- und landesrechtlichen Verordnungen über regelmäßige Datenübermittlungen der Meldebehörden. Die Meldebehörden dürfen nur nach Maßgabe dieser Gesetze oder sonstiger Rechtsvorschriften Melderegisterauskünfte an private Dritte erteilen oder an öffentliche Stellen übermitteln. Gegen bestimmte Melderegisterauskünfte (z. B. Melderegisterauskünfte an Adressbuchverlage) besteht ein Widerspruchsrecht.

Auskunft gem. § 10 Abs. 1 Nr. 2 und 3 Bundesmeldegesetz (BMG) i. V. m. Art. 12-14 der Europäischen Datenschutzgrundverordnung (EU-DSGVO)

(1) Melderegister (inkl. Wahlkomponente)

- Familienname
- frühere Namen
- Vornamen unter Kennzeichnung des gebräuchlichen Vornamens
- Doktorgrad
- Ordens- und Künstlernamen
- Tag und Ort der Geburt, bei Geburt im Ausland auch den Staat
- Geschlecht
- Sterbetag und -ort, bei Versterben im Ausland auch den Staat
- derzeitige Staatsangehörigkeiten
- rechtliche Zugehörigkeit zu einer öffentlich-rechtlichen Religionsgesellschaft
- Auskunfts- und Übermittlungssperren

- gesetzliche Vertreter (Vor- und Familiennamen, Doktorgrad, Anschrift, Tag der Geburt, Geschlecht, Sterbetag, Auskunftssperren gem. § 51 BMG)
- derzeitige Anschriften, frühere Anschriften im Zuständigkeitsbereich der Meldebehörde sowie Anschrift der letzten alleinigen Wohnung oder Hauptwohnung und der letzten Nebenwohnung außerhalb des Zuständigkeitsbereichs der Meldebehörde, gekennzeichnet nach Haupt- und Nebenwohnung, bei Zuzug aus dem Ausland auch den Staat und die letzte Anschrift im Inland, bei Wegzug ins Ausland auch die Anschrift im Ausland und den Staat
- Einzugsdatum, Auszugsdatum, Datum des letzten Wegzugs ins Ausland aus einer Wohnung im Inland sowie Datum des letzten Zuzugs aus dem Ausland
- Familienstand, bei Verheirateten oder Lebenspartnern zusätzlich Tag und Ort der Eheschließung oder Begründung der Lebenspartnerschaft, bei Eheschließung oder Begründung einer Lebenspartnerschaft im Ausland auch den Staat
- Ehegatte oder Lebenspartner (Vor- und Familiennamen, Geburtsname, Doktorgrad, Tag der Geburt, Geschlecht, Anschrift, Sterbetag, Auskunftssperren gem. § 51 BMG)
- minderjährige Kinder (Vor- und Familiennamen, Tag der Geburt, Geschlecht, Anschrift, Sterbetag, Auskunftssperren gem. § 51 BMG)
- Ausstellungsbehörde, -datum, Gültigkeitsdauer und Seriennummer des gültigen Personalausweises/Passes sowie Sperrkennwort und Sperrsumme des Personalausweises

(2) Über die in Abs. 1 genannten Daten hinaus speichern die Meldebehörden im Melderegister folgende Daten einschließlich der zum Nachweis ihrer Richtigkeit erforderlichen Hinweise:

- für die Vorbereitung und Durchführung von Wahlen und Abstimmungen auf staatlicher und kommunaler Ebene die Tatsache, dass die betroffene Person:
  - von der Wahlberechtigung oder der Wählbarkeit ausgeschlossen ist
  - als Unionsbürger (§ 6 Abs. 3 Satz 1 des Europawahlgesetzes) bei der Wahl des Europäischen Parlaments von Amts wegen in ein Wählerverzeichnis im Inland einzutragen ist; ebenfalls zu speichern ist die Gebietskörperschaft oder der Wahlkreis im EU-Herkunftsmitgliedstaat, wo er zuletzt in ein Wählerverzeichnis eingetragen war
  - als im Ausland lebender Deutscher einen Hinweis auf Wahlen zum Deutschen Bundestag sowie auf Wahlen der Abgeordneten des Europäischen Parlaments aus der Bundesrepublik Deutschland erhalten soll; ebenfalls ist nach Mitteilung der betroffenen Person ihre derzeitige Anschrift im Ausland zu speichern
  - für Zwecke nach § 139b Abs. 2 der Abgabeordnung die Identifikationsnummer nach § 139b der Abgabeordnung oder bis zu deren Speicherung im Melderegister das vorläufige Bearbeitungsmerkmal nach § 139b Abs. 6 Satz 2 der Abgabeordnung
- für das Verfahren zur Bildung und Anwendung der elektronischen Lohnsteuerabzugsmerkmale nach § 39e Abs. 2 Satz 2 und 3 des Einkommensteuergesetzes:
  - die Zugehörigkeit zu einer steuererhebenden Religionsgesellschaft sowie das Datum des Ein- bzw. Austritts
  - den Familienstand
  - das Datum der Begründung oder der Auflösung der Ehe oder Lebenspartnerschaft
  - die Identifikationsnummern oder vorläufigen Bearbeitungsmerkmale des Ehegatten oder Lebenspartners sowie der minderjährigen Kinder, die ihre alleinige Wohnung oder ihre Hauptwohnung im Zuständigkeitsbereich derselben Meldebehörde haben
- für die Ausstellung von Personalausweisen und Pässen die Tatsache, dass Passversagungsgründe vorliegen, ein Pass versagt oder entzogen oder eine Anordnung nach § 6 Abs. 7 des Personalausweisgesetzes getroffen worden ist
- für staatsangehörigkeitsrechtliche Verfahren die Tatsache, dass nach § 29 des Staatsangehörigkeitsgesetzes ein Verlust der deutschen Staatsangehörigkeit eintreten kann
- für Zwecke des Suchdienstes die Anschrift vom 01.09.1939 derjenigen Einwohner, die aus den in § 1 Abs. 2 Nr. 3 des Bundesvertriebenengesetzes bezeichneten Gebieten stammen
- für das waffenrechtliche Verfahren die Tatsache, dass eine waffenrechtliche Erlaubnis erteilt worden ist, und die diese Tatsache mitteilende Behörde mit Angabe des Tages der erstmaligen Erteilung
- für sprengstoffrechtliche Verfahren die Tatsache, dass eine sprengstoffrechtliche Erlaubnis oder ein Befähigungsschein nach § 20 des Sprengstoffgesetzes erteilt worden ist, sowie die Behörde, die diese Tatsache mitteilt, mit Angabe des Datums der erstmaligen Erteilung
- zur Beantwortung von Aufenthaltsanfragen anderer Behörden und sonstiger öffentlicher Stellen, wenn der Einwohner die Wohnung aufgegeben hat und der Meldebehörde eine neue Wohnung nicht bekannt ist, das Ersuchen um Datenübermittlung mit dem Datum der Anfrage und der Angabe der anfragenden Stelle für die Dauer von bis zu zwei Jahren
- für die Prüfung, ob die von der meldepflichtigen Person gemachten Angaben richtig sind, und zur Gewährleistung der Auskunftsrechte in § 19 Abs. 1 Satz 3 BMG und § 50 Abs. 4 BMG den Namen und die Anschrift des Eigentümers der Wohnung und, wenn dieser nicht selbst Wohnungsgeber ist, auch den Namen und die Anschrift des Wohnungsgebers
- im Spannungs- und Verteidigungsfall für die Wehrerfassung die Tatsache, dass ein Einwohner bereits vor der Erfassung seines Jahrgangs erfasst worden ist
- für die Erstellung von Wahlbenachrichtigungen zusätzlich Art der Wahl, Wahlgebiet (Wahlbezirk, Wahllokal, Wahlkreis, Nummer im Wählerverzeichnis) und verfahrensbedingte Hinweise für Wahlbenachrichtigungen
- verfahrensbedingte Hinweise

4. Empfänger oder Kategorien von Empfängern

Auf der Grundlage von Art. 13 Abs. 1 lit. e DSGVO erhalten die personenbezogenen Daten folgende Empfänger bzw. Kategorien von Empfängern:

Bundesrecht

Empfänger regelmäßiger Datenübermittlungen – Recht auf Auskunft

Nach § 10 Abs. 1 Nr. 2 und 3 BMG und den Vorgaben der Art. 12-14 DSGVO hat die betroffene Person u. a. auch das Recht, von der Melde-, Pass- und Ausweisbehörde zu erfahren, welche Datenempfänger regelmäßig oder aufgrund von Anfragen Daten erhalten haben, um welche Art von Daten es sich hierbei gehandelt hat und zu welchem Zweck (mit Verweis auf die entsprechenden Rechtsgrundlagen) sowohl die Speicherung als auch mögliche regelmäßige Datenübermittlungen erfolgten. Nachstehend sind die Empfänger aufgeführt, denen nach Bundesrecht (u. a. Datenübermittlungsverordnungen des Bundes, Bundesmeldegesetz, Aufenthaltsverordnung, Krebsregistergesetz, Rundfunkbeitragsstaatsvertrag, Waffengesetz, Sprengstoffverordnung, Personalausweisgesetz, Passgesetz) oder Landesrecht anlass- oder fallbezogen Personendaten übermittelt werden. Außerdem sind, soweit erforderlich, jeweils die Arten der möglichen übermittelten Daten aufgezählt.

Verordnung zur Durchführung von regelmäßigen Datenübermittlungen zwischen Meldebehörden – Erste Bundesmeldedatenübermittlungsverordnung (1. BMeldDÜV)

§ 4 Automatisiertes Abrufverfahren zur Anmeldung (Vorausgefüllter Meldeschein)

(1) Folgende Daten werden im Rückmeldeprozess von der Meldebehörde der neuen Wohnung an die Meldebehörde der bisherigen Wohnung übermittelt: Familienname, Geburtsname; Vornamen unter Kennzeichnung des gebräuchlichen Vornamens, Doktorgrad, Ordensname, Künstlername, Geburtsdatum, Geburtsort sowie bei Geburt im Ausland auch Staat, Geschlecht, gesetzlicher Vertreter: Familienname, Vornamen, Doktorgrad, Anschrift, Geburtsdatum, Geschlecht, derzeitige Staatsangehörigkeiten, Auskunftssperren nach § 51 BMG, rechtliche Zugehörigkeit zu einer öffentlich-rechtlichen Religionsgesellschaft, derzeitige Anschriften und Anschrift der letzten alleinigen Wohnung oder Hauptwohnung, Haupt- und Nebenwohnung, bei Zuzug aus dem Ausland auch die letzte Anschrift im Inland, Einzugsdatum, Auszugsdatum, Familienstand, bei Verheirateten oder Personen, die eine Lebenspartnerschaft führen, Datum und Ort der Eheschließung oder Begründung der Lebenspartnerschaft sowie bei Eheschließung oder Begründung der Lebenspartnerschaft im Ausland auch den Staat, zum Ehegatten oder Lebenspartner: Familienname, Vornamen, Geburtsname, Doktorgrad, Geburtsdatum, Geschlecht, derzeitige Anschriften im Zuständigkeitsbereich der Meldebehörde sowie Anschrift der letzten alleinigen Wohnung oder Hauptwohnung außerhalb der Zuständigkeit der Meldebehörde, Auskunftssperren nach § 51 BMG, zu minderjährigen Kindern: Familienname, Vornamen, Geburtsdatum, Geschlecht, Anschrift im Inland, Auskunftssperren nach § 51 BMG, Ausstellungsbehörde, Ausstellungsdatum, letzter Tag der Gültigkeitsdauer und Seriennummer des Personalausweises, des anerkannten und gültigen Passes oder Passersatzpapiers, Auskunfts- und Übermittlungssperren.

(2) Gemäß § 23 Abs. 4 Satz 2 BMG hat die Zuzugsmeldebehörde folgende Daten für den vorausgefüllten Meldeschein aufzunehmen und der Wegzugsmeldebehörde zu übermitteln: Familienname, Vornamen, Geburtsdatum, Anschrift bei der Wegzugsmeldebehörde.

§ 7 Auswertung der Rückmeldung und Fortschreibung

Die Auswertung der Rückmeldung erfolgt bei Anmeldung einer alleinigen Wohnung oder Hauptwohnung durch die Wegzugsmeldebehörde der alleinigen Wohnung oder Hauptwohnung, bei Anmeldung einer Nebenwohnung durch die Meldebehörde der Hauptwohnung oder bei erneutem Zuzug aus dem Ausland durch die letzte Inlandsmeldebehörde. Ist die neue Wohnung die alleinige Wohnung oder die Hauptwohnung der zugezogenen Person, so unterrichtet die Wegzugsmeldebehörde die Zuzugsmeldebehörde unverzüglich, spätestens jedoch drei Werktage nach Eingang der Rückmeldung darüber, ob Tatsachen nach § 3 Abs. 2 Nr. 1, 2 Buchst. d, Nr. 3 bis 5, 7, 8 und 11 BMG vorliegen. Sie übermittelt der Zuzugsmeldebehörde auch das Sperrkennwort und die Sperrsumme des Personalausweises nach § 3 Abs. 1 Nr. 17 BMG. Ist die neue Wohnung eine Nebenwohnung der zugezogenen Person, so unterrichtet die Meldebehörde der alleinigen Wohnung oder der Hauptwohnung die Zuzugsmeldebehörde unverzüglich, spätestens jedoch drei Werktage nach Eingang der Rückmeldung darüber, ob Tatsachen nach § 3 Abs. 2 Nr. 7 und 8 BMG vorliegen. In den Fällen des § 3 Abs. 2 Nr. 1, 4, 5, 7 und 8 BMG hat die Wegzugsmeldebehörde der Zuzugsmeldebehörde auch die Hinweise zu übermitteln, die zum Nachweis der Richtigkeit dieser Daten erforderlich sind, soweit die Hinweise im Melderegister gespeichert sind.

Verordnung zur Durchführung von regelmäßigen Datenübermittlungen der Meldebehörden an Behörden oder sonstige öffentliche Stellen des Bundes – Zweite Bundesmeldedatenübermittlungsverordnung (2. BMeldDÜV)

§ 4 Datenübermittlung an das Bundesamt für das Personalmanagement der Bundeswehr

Jährlich bis zum 31. März werden folgende Daten zu Personen mit deutscher Staatsangehörigkeit, die im nächsten Jahr volljährig werden übermittelt: Familienname, Vornamen, derzeitige Anschrift. Die Datenübermittlung unterbleibt, wenn die betroffene Person ihr nach § 36 Abs. 2 BMG widersprochen hat.

§ 5 Datenübermittlung an die Familienkassen der Bundesagentur für Arbeit

Von den Personen, zu denen auch Daten von minderjährigen Kindern gespeichert sind, sind einmal jährlich bis zum 20. Oktober nach dem Stand des Melderegisters vom 20. September desselben Jahres folgende Daten zu übermitteln: Familienname, Geburtsname, Vornamen, Geburtsdatum, derzeitige Anschrift und Einzugsdatum. Von Minderjährigen, die bei den o. a. Personen gemeldet sind, sind nach Maßgabe des § 5 Abs. 2 der 2. BMeldDÜV folgende Daten zu übermitteln: Familienname, Vornamen, Geburtsdatum und ggfs. Sterbedatum.

§ 6 Datenübermittlung an die Datenstelle der Träger der Rentenversicherung

Nach Speicherung einer Geburt, einer erstmaligen Erfassung einer Person aus sonstigen Gründen, einer Namensänderung, einer Änderung der Anschrift, des Geschlechts, des Doktorgrades, des Geburtsdatums, des Geburtsorts, einer Eheschließung, der Begründung einer Lebenspartnerschaft oder eines Sterbefalls werden unverzüglich folgende Daten übermittelt: Familienname, frühere Namen, Vornamen, Doktorgrad, Geburtsdatum, -ort, -land, Geschlecht, derzeitige Anschrift (bei Umzug auch die vorherige Anschrift), Datum der Eheschließung oder Begründung der Lebenspartnerschaft, Sterbedatum. Die Meldebehörden übermitteln zur Durchführung der Versicherung wegen Kindererziehung neben der Mitteilung der Geburt des Kindes eine Mitteilung über die Mutter mit den entsprechenden Daten (wie vorstehend) sowie bei Mehrlingsgeburten die Anzahl der geborenen Kinder, sonst die Zahl 1. Im Sterbefall übermitteln die Meldebehörden der Datenstelle der Träger der Rentenversicherung zusätzlich zu den vorstehenden Daten vom Ehegatten bzw. Lebenspartner: Familienname, Vornamen, Geburtsdatum, derzeitige Anschrift der Alleinigen Wohnung oder Hauptwohnung.

§ 7 Datenübermittlung an das Bundeszentralregister

Die Meldebehörden übermitteln nach einer Namensänderung oder Änderung des Geburtsdatums dem Bundeszentralregister: Familienname, frühere Namen, Vornamen, Geburtsdatum, -ort, -land, derzeitige Anschrift, Datum und Bezeichnung und Aktenzeichen der Behörde, die eine Namensänderung verfügt hat. Im Falle einer Änderung des Geburtsdatums sind die bisherigen Geburtsdaten ebenfalls zu übermitteln.

§ 8 Datenübermittlung an das Kraftfahrt-Bundesamt

Die Meldebehörden übermitteln nach einer Änderung des Geburtsnamens oder eines Vornamens einer Person, die das 14. Lebensjahr vollendet hat: Familienname, Geburtsname, Vornamen, Geburtsdatum, -ort, -land, Geschlecht, Datum sowie Bezeichnung und Aktenzeichen der Behörde, die eine Namensänderung verfügt hat. Im Falle einer Änderung des Geburtsnamens ist der bisherige Geburtsname ebenfalls zu übermitteln.

§ 9 Datenübermittlung an das Bundeszentralamt für Steuern

Die Meldebehörden übermitteln nach Speicherung einer Geburt oder eines Sterbefalles, nach einer erstmaligen Erfassung einer Person aus sonstigen Gründen oder nach Speicherung einer Namensänderung, einer Änderung der Anschrift, des Geschlechts, des Doktorgrades, des Geburtstages oder Geburtsortes folgende Daten: Familienname, Geburtsname, Vornamen, Doktorgrad, Geburtsdatum, -ort, -land, Geschlecht, derzeitige Anschrift, Ein- und Auszugsdatum, Auskunftssperren nach § 51 BMG, Sterbedatum, Steuer-Identifikationsnummer bzw. Vorläufiges Bearbeitungsmerkmal. Die Meldebehörden übermitteln bei einer Änderung der genannten Daten und Hinweise unter Angabe der Steuer-Identifikationsnummer und des Geburtsdatums folgende Daten: rechtliche Zugehörigkeit zu einer steuererhebenden Religionsgesellschaft sowie das dazugehörige Ein- bzw. Austrittsdatum, Familienstand, Datum der Eheschließung oder Begründung der Lebenspartnerschaft, Steuer-Identifikationsnummer oder Vorläufiges Bearbeitungsmerkmal des Ehegatten oder Lebenspartners, Steuer-Identifikationsnummer oder Vorläufiges Bearbeitungsmerkmal des Kindes (sofern dieses im örtlichen Zuständigkeitsbereich derselben Meldebehörde gemeldet ist).

§ 10 Datenübermittlung an das Bundesverwaltungsamt

Die Meldebehörden übermitteln bis zum zehnten Tag des Kalendermonats, der dem Monat der Vollendung des 18. Lebensjahres der betroffenen Person vorausgeht, folgende Daten einer in das Ausland verzogenen Person, bei der der Verlust der deutschen Staatsangehörigkeit droht: Familienname, frühere Namen, Vornamen, Geburtsdatum, -ort, -land, Geschlecht, letzte Anschrift im Inland, Anschrift und Staat im Ausland, Datum des Auszugs, mögliches Optionsmerkmal gem. § 29 Staatsangehörigkeitsgesetz. Die Meldebehörde, bei der sich eine erklärungspflichtige Person i. S. d. § 29 Abs. 1 Staatsangehörigkeitsgesetz, die 18, aber noch keine 23 Jahre alt ist, als aus dem Ausland kommend angemeldet hat, übermittelt folgende Daten: Familienname, frühere Namen, Vornamen, Geburtsdatum, -ort, -land, Geschlecht, derzeitige und letzte frühere Anschrift im Inland mit Datum des Wegzugs in das Ausland, Zuzugsstaat, mögliches Optionsmerkmal gem. § 29 Staatsangehörigkeitsgesetz.

Gesetz über die Statistik der Bevölkerungsbewegung und die Fortschreibung des Bevölkerungsstandes – Bevölkerungsstatistikgesetz (BevStatG)

§ 4 Wanderungsstatistik

Die Meldebehörden übermitteln den Statistischen Landesämtern bei Anmeldung, Abmeldung sowie Wohnungsstatuswechsel folgende Daten: Ein- und Auszugsdaten, Datum des Statuswechsels, neue Wohnanschrift, Wohnungsstatus, Geschlecht, Geburtstag, -ort, -land, Familienstand, rechtliche Zugehörigkeit zu einer Religionsgesellschaft, Staatsangehörigkeit; bei Anmeldung und Abmeldung werden zusätzlich ggf. das Datum des letzten Zuzuges aus dem Ausland oder Wegzuges ins Ausland übermittelt.

FORUM

§ 5 Bevölkerungsfortschreibung

Die Meldebehörden übermitteln den Statistischen Landesämtern bei Erwerb der deutschen Staatsangehörigkeit, soweit nicht durch Geburt erworben, bei Verlust der deutschen Staatsangehörigkeit, bei Ehescheidung, bei Aufhebung einer Ehe oder Lebenspartnerschaft folgende Daten: Wohnort, Geschlecht, Geburtsdatum, -ort, -land, Familienstand, Tag des Erwerbs oder Verlustes der deutschen Staatsangehörigkeit, neu erworbene oder bisherige Staatsangehörigkeit.

Bundesmeldegesetz (BMG)

Datenübermittlung an private Dritte

Art der Daten: gesetzlich zugelassene Daten aus dem Melderegister zur Erfüllung der in §§ 44 und 45 BMG genannten Aufgaben (Einfache und Erweiterte Melderegisterauskünfte)

Datenweitergabe innerhalb der Verwaltungseinheit und Datenübermittlung an Behörden oder sonstige öffentliche Stellen (auf Ersuchen / Anfrage):

Art der Daten: gesetzlich zugelassene Daten aus dem Melderegister zur Erfüllung der in § 34 BMG genannten Aufgaben (Behördenauskünfte)

Datenübermittlung an Wohnungsgeber

Art der Daten: gesetzlich zugelassene Daten aus dem Melderegister zur Erfüllung der in § 50 Abs. 4 BMG genannten Aufgaben (Wohnungsgeberauskunft)

§ 42 Datenübermittlung an öffentlich-rechtliche Religionsgesellschaften

Die Meldebehörden übermitteln den öffentlich-rechtlichen Religionsgesellschaften regelmäßig folgende Daten: Familienname, frühere Namen, Vornamen, Doktorgrad, Ordens- und Künstlername, Geburtsdatum, -ort, -land, Geschlecht, Staatsangehörigkeiten, Angaben zur eingetragenen Religionsgesellschaft, Anschriften, Ein- und Auszugsdatum, Familienstand (beschränkt auf die Angabe, ob verheiratet bzw. Lebenspartnerschaft führend oder nicht), Anzahl der Kinder, Auskunftssperren gem. § 51 BMG, Sterbedatum, -ort, -land, Angaben zu gesetzlichen Vertretern (Familienname, Vornamen, Doktorgrad, Geburtsdatum, Geschlecht, Anschrift, Sterbedatum, Auskunftssperren gem. § 51 BMG)

Aufenthaltsverordnung (AufenthV)

§ 72 Mitteilungen der Meldebehörden

Die Meldebehörden teilen den Ausländerbehörden bei Anmeldung, Abmeldung oder Änderung der Hauptwohnung, bei Eheschließung oder Begründung einer Lebenspartnerschaft, bei Scheidung, Nichtigkeitserklärung oder Aufhebung der Ehe oder Aufhebung der Lebenspartnerschaft, bei Namensänderung, Änderung oder Berichtigung des staatsangehörigkeitsrechtlichen Verhältnisses, bei Geburt oder Tod eines Ausländers folgende Daten mit: Familienname, frühere Namen, Vornamen, Geburtstag, -ort, -land, Staatsangehörigkeit, Anschrift, Doktorgrad, Geschlecht, Familienstand, Angaben zum Gesetzlichen Vertreter (Familienname, Vornamen, Geburtsdatum, Anschrift), Einzugsdatum, frühere Anschrift, Angaben zum Dokument (Passart, ausstellende Behörde, Passnummer, Gültigkeitsdatum), Auszugsdatum, neue Anschrift, Datum des Beginns oder Endes einer Ehe oder Begründung einer Lebenspartnerschaft, Sterbedatum.

Rundfunkbeitragsstaatsvertrag

ARD, ZDF und Deutschlandradio Beitragsservice im Auftrag der Landesrundfunkanstalten

Eine Datenübermittlung an die jeweilige Landesrundfunkanstalt erfolgt von der Meldebehörde der Hauptwohnung, alleinigen Wohnung oder Nebenwohnung, die für eine volljährige betroffene Person aktuell zuständig ist oder war, bei den Anlässen Anmeldung, Abmeldung sowie im Sterbefall mit folgenden Daten: Familienname, frühere Namen, Vornamen, Doktorgrad, Geburtsdatum, Anschriften (Haupt- und Nebenwohnungen), Zuzugsland, Ein- und Auszugsdatum, Familienstand, Sterbedatum.

Waffengesetz (WaffG)

§ 44 Übermittlung an und von Meldebehörden

Die für die Erteilung einer waffenrechtlichen Erlaubnis zuständige Behörde teilt der für den/die Antragsteller(in) zuständigen Meldebehörde die erstmalige Erteilung einer Erlaubnis mit. Sie unterrichtet ferner diese Behörde, wenn eine Person über keine waffenrechtlichen Erlaubnisse mehr verfügt. Die Meldebehörden teilen den Waffenerlaubnisbehörden Namensänderungen, Zuzug, Wegzug, Wohnungsstatuswechsel und Tod der Einwohner mit, für die das Vorliegen einer waffenrechtlichen Erlaubnis gespeichert ist.

Gesetz über explosionsgefährliche Stoffe – Sprengstoffgesetz (SprengG)

§ 39a Datenübermittlung an und von Meldebehörden

Die für die Erteilung einer sprengstoffrechtlichen Erlaubnis zuständige Behörde teilt der für den/die Antragsteller(in) zuständigen Meldebehörde die erstmalige Erteilung einer Erlaubnis mit. Sie unterrichtet ferner diese Behörde, wenn eine Person über keine sprengstoffrechtliche Erlaubnis mehr verfügt. Ist eine Person am 1. September 2005 Inhaber einer Erlaubnis, soll die Mitteilung binnen drei Jahren erfolgen. Die Meldebehörden teilen den für die Erteilung einer sprengstoffrechtlichen Erlaubnis zuständigen Behörden Namensänderungen, Wegzug und Tod der Einwohner mit, für die das Vorliegen einer sprengstoffrechtlichen Erlaubnis gespeichert ist. Auf Inhaber eines Befähigungsscheins nach § 20 finden die Absätze 1 und 2 entsprechende Anwendung.

Landesrecht

Die Meldebehörden übermitteln im Rahmen ihrer Aufgabenzuweisung an bestimmte Datenempfänger ihres Bundeslandes einzelne, jeweils dort aufgeführte gesetzlich zugelassene Daten. Diese regelmäßigen Datenübermittlungen erfolgen anlassbezogen. Hinsichtlich der Informationen, zu denen nach Landesrecht anlassbezogene Datenübermittlungen erfolgen, verweisen wir auf die landesspezifischen Vorgaben des Ausführungsgesetzes zum Bundesmeldegesetz und die Verordnung über regelmäßige Datenübermittlungen des Landes. Die gesetzlichen Grundlagen sind dem Gesetz zur Ausführung des Bundesmeldegesetzes (AGBMG) und der Meldeverordnung (MeldeVO) entnommen.

5. Dauer der Speicherung bzw. Kriterien für die Festlegung der Dauer

Die Speicherung der personenbezogenen Daten erfolgt auf der Grundlage von Art. 13 Abs. 2 lit. a DSGVO.

Die Meldebehörden haben gespeicherte Daten eines Einwohners nach dessen Wegzug oder Tod grundsätzlich 5 Jahre aufzubewahren. Nach Ablauf dieser fünf Jahre sind ein Teil der Daten für die Dauer von weiteren 50 Jahren gesondert aufzubewahren. Für einen Teil der Daten gilt eine Löschfrist von 30 Tagen nach Wegzug oder Tod des Einwohners.

6. Rechte der Betroffenen im Rahmen der Verarbeitung

Die nachfolgenden Rechte bestehen auf Grundlage von Art. 13 Abs. 2 lit. b DSGVO nur nach den jeweiligen gesetzlichen Voraussetzungen und können auch durch spezielle Regelungen eingeschränkt oder ausgeschlossen sein.

Die betroffene Person hat das Recht, von dem Verantwortlichen eine Bestätigung darüber zu verlangen, ob sie betreffende personenbezogene Daten verarbeitet werden. Ist dies der Fall, so hat sie ein Recht auf Auskunft über diese personenbezogenen Daten und auf die in Art. 15 DSGVO im Einzelnen aufgeführten Informationen.

Die betroffene Person hat das Recht, von dem Verantwortlichen unverzüglich die Berichtigung sie betreffende unrichtige personenbezogene Daten und ggf. die Vervollständigung unvollständiger personenbezogener Daten zu verlangen (Art. 16 DSGVO).

Die betroffene Person hat das Recht, von dem Verantwortlichen zu verlangen, dass sie betreffende personenbezogene Daten unverzüglich gelöscht werden, sofern einer der in Art. 17 DSGVO im Einzelnen aufgeführten Gründe zutrifft, z. B. wenn die Daten für die verfolgten Zwecke nicht mehr benötigt werden (Recht auf Löschung).

Die betroffene Person hat das Recht, von dem Verantwortlichen die Einschränkung der Verarbeitung zu verlangen, wenn eine der in Art. 18 DSGVO aufgeführten Voraussetzungen gegeben ist, z. B. wenn die betroffene Person Widerspruch gegen die Verarbeitung eingelegt hat, für die Dauer der Prüfung durch den Verantwortlichen.

Die betroffene Person hat das Recht, aus Gründen, die sich aus ihrer besonderen Situation ergeben, jederzeit gegen die Verarbeitung, sie betreffender personenbezogener Daten Widerspruch einzulegen. Der Verantwortliche verarbeitet die personenbezogenen Daten dann grundsätzlich nicht mehr (Art. 21 DSGVO).

Die betroffene Person hat das Recht, die sie betreffenden personenbezogenen Daten in einem strukturierten, gängigen und maschinenlesbaren Format zu erhalten und diese Daten einem anderen Verantwortlichen zu übermitteln (Art. 20 DSGVO).

Nähere Informationen zum Widerspruchsrecht nach dem Bundesmeldegesetz können den Hinweisen auf dem Meldeschein entnommen werden.

7. Beschwerderecht bei einer Aufsichtsbehörde

Im Rahmen der Verarbeitung der personenbezogenen Daten hat die betroffene Person auf der Grundlage von Art. 13 Abs. 2 lit. d DSGVO das Recht auf Beschwerde bei der Aufsichtsbehörde nach Art. 77 Abs. 1 DSGVO.

Dies ist im Bundesland ______________________ die/der *Landesbeauftragte für den Datenschutz und die Informationsfreiheit* ____.

Leitfaden

Begriff der Wohnung

Rechtsgrundlage

§ 20 BMG

Definition

Wohnung im Sinne des Bundesmeldegesetzes ist jeder umschlossene Raum, der zum Wohnen oder Schlafen benutzt wird. Als Wohnung gilt auch die Unterkunft an Bord eines Schiffes der Marine. Wohnwagen und Wohnschiffe sind nur dann als Wohnungen anzusehen, wenn sie nicht oder nur gelegentlich bewegt werden.

Der Begriff der Wohnung ist sehr weit gefasst, um eine möglichst vollständige Erfassung der Einwohner zu erreichen.

> **Hinweis:**
>
> Auf die Größe und Beschaffenheit der Wohnung kommt es dabei ebenso wenig an wie darauf, ob die Nutzung der Wohnung vertraglich gestattet ist oder ob gegen die Nutzung bauordnungsbehördliche Bedenken bestehen.

Entscheidend ist, dass Wände, und ein Dach und möglichst auch eine Tür vorhanden sind. Entscheidend ist weiter, dass der so entstandene Raum mit einer gewissen Regelmäßigkeit und für eine längere Dauer zum Aufenthalt von Menschen oder zum Schlafen benutzt werden soll.

Beherbergungsstätten, Krankenhäuser, Gemeinschaftsunterkünfte, Pflegeheime und ähnliche Einrichtungen

Liegen diese Merkmale vor, können auch Beherbergungsstätten, Krankenhäuser, Gemeinschaftsunterkünfte, Pflegeheime und ähnliche Einrichtungen Wohnungen sein. § 29 Abs. 1 BMG geht davon aus, dass nach sechs bzw. nach drei Monaten eine Meldepflicht nach den §§ 17, 28 BMG besteht, wenn eine meldepflichtige Person bereits für diesen Zeitraum in einer Beherbergungsstätte gewohnt hat. Die Formulierung, dass sich die meldepflichtigen Personen erst nach Ablauf dieser Fristen anzumelden hat, setzt denklogisch voraus, dass die Unterkunft in der Beherbergungsstätte schon vor Ablauf der Frist als Wohnung anzusehen ist.

Not- oder Obdachlosenunterkünfte, Baracken, Gartenhäuser

Auch Not- oder Obdachlosenunterkünfte, Baracken und Gartenhäuser fallen unter den Wohnungsbegriff, da es sich um umschlossene Räume handelt.

Zelte

Wird ein Zelt dauerhaft zum Wohnen benutzt, ist es ebenfalls als Wohnung zu betrachten, jedenfalls dann, wenn sie sich für einen Zeitraum von mehr als drei Monaten am selben Ort befinden und zum Wohnen oder Schlafen benutzt werden.

Schiffe der Marine

In § 20 Satz 2 BMG wird ferner klargestellt, dass auch die Unterkunft an Bord eines Schiffes der Marine als Wohnung gilt. Ort der Wohnung ist der Heimathafen des Schiffes.

Wohnwagen und Wohnschiffe, Wohnmobile

Auch ortsfeste Wohnwagen und Wohnschiffe sind Wohnungen. Dabei ist es bei den Wohnwagen ohne Bedeutung, ob das Fahrzeug für die Teilnahme am Straßenverkehr zugelassen ist und jederzeit fortbewegt werden kann. Entscheidend ist die Absicht, es für längere Zeit auf einem Campingplatz auf einem Stellplatz stehen zu lassen, ohne es zu bewegen (Dauercamper). Selbst wenn der Dauercamper den Stellplatz für kurze Zeit verlässt, um dann nach einer kurzen Zeit den Wohnwagen wieder auf den bisherigen Stellplatz (zumindest auf dem bisherigen Campingplatz, nicht notwendigerweise auch auf der bisherigen Parzelle) aufzustellen, ändert dies nichts an der rechtlichen Einordnung als ortsfest. Aus diesem Grund ist es auch ohne Bedeutung, ob der Wohnwagen mit festen An-, Vor- und Überbauten oder einem Vorgarten mit Zaun und Gartenzwerg ausgestattet wird oder ob ein Reisecamper einen Stellplatz nur deswegen dauerhaft mietet, um außerhalb der Reisesaison einen Abstellplatz für sein Fahrzeug zu haben und dieses an den Wochenenden wie ein Ferienhaus nutzen zu können. Die Übergangsformen sind vielfältig und fließend.

Ortsfeste Wohnwagen werden daher auch dem sog. Saisoncamping zugerechnet. Hier wird ein Stellplatz für einen längeren, aber unterjährigen Zeitraum gemietet. Ein Teil der Familie lebt in dieser Zeit auf dem Campingplatz, während die erwerbstätigen Angehörigen je nach Entfernung zum Arbeits- und Wohnort abends oder auch nur am Wochenende dazukommen. Entscheidend für die Unterscheidung ist der Inhalt des Mietvertrages mit dem Campingplatzbetreiber.

Hinweis:

Wohnmobile sind Wohnwagen gleichgestellt.

Reisende Schausteller

Wohnwagen von reisenden Schaustellern, die dauerhaft in einem Wohnwagen leben, ohne daneben eine Wohnung zu haben, und die immer wieder zu ihrem Standplatz am Betriebssitz zurückkehren, gelten dort als Wohnung, wenn der Betriebssitz Mittelpunkt ihrer geschäftlichen Tätigkeit und der privaten Lebensführung ist. Zuständige Meldebehörde ist in diesen Fällen die Meldebehörde am Ort des Betriebssitzes.

Merkblatt

Meldefristen nach § 17 Abs. 1 und 2 BMG

Rechtsgrundlagen

§ 17 Abs. 1 BMG

§ 17 Abs. 2 BMG

Anmeldung nach Wohnungsbezug (§ 17 Abs. 1 BMG)

Wer eine Wohnung bezieht, hat sich innerhalb von zwei Wochen nach dem Einzug bei der Meldebehörde anzumelden.

Bezug einer Wohnung

Wohnung ist jeder umschlossene Raum, der zum Wohnen oder Schlafen benutzt wird (§ 20 BMG).

Eine Wohnung bezieht, wer tatsächlich in eine Wohnung einzieht und sie tatsächlich zum Wohnen oder Schlafen benutzt. Wohnen meint dabei, dass eine Wohnung für die Angelegenheiten des täglichen Lebens, also für den Aufenthalt von Menschen, zum Essen oder Schlafen genutzt wird. Dabei ist es wegen der Definition der Wohnung in § 20 BMG ausreichend, wenn die Wohnung entweder zum täglichen Aufenthalt **oder** zum Schlafen aufgesucht wird. Damit gelten auch umschlossene Räume als Wohnung, die – z. B. bei Monteuren – nur zum Schlafen aufgesucht werden.

Der Einzug in eine Wohnung setzt eine gewisse zeitliche Dauer voraus. Ein kurzfristiger Besuch führt nicht dazu, dass die Wohnung bezogen wird (Nr. 17.1.1 BMGVwV).

Besucher ist, wer den Wohnungsinhaber aufgrund besonderer persönlicher Beziehungen aufsucht und sich in dessen Wohnung für eine vorübergehende Zeit aufhält, ohne hierfür ein Entgelt zu entrichten.

Da es keine allgemein anerkannte zeitliche Beschränkung des Besuchsrechts gibt, ist es im Einzelfall schwierig zu bestimmen, ob es sich noch um einen Besuch oder schon um einen Einzug in die Wohnung handelt. Nach Nr. 17.1.1 BMGVwV ist bei einem Aufenthalt von bis zu zwei Wochen grundsätzlich von einem Besuch auszugehen. Hält sich der „Besucher" länger als sechs Monate in der Wohnung auf, ist er nach der Definition in § 27 Abs. 2 BMG in die Wohnung eingezogen und meldepflichtig. Im Zeitraum zwischen zwei Wochen und sechs Monaten obliegt es einer Beurteilung des Einzelfalles, ob von einem Einzug ausgegangen werden muss.

Hinweis:

Für diese Beurteilung ist zu ermitteln, ob die Absicht besteht, die Wohnung für einen längeren Zeitraum zu benutzen. Das kann aus Indizien geschlossen werden. So spricht etwa das Mitbringen von Einrichtungsgegenständen (die ein Reisender, z. B. ein Hotel- oder Urlaubsgast, nicht bei sich haben würde) dafür, dass die Wohnung für einen nicht unerheblichen Zeitraum benutzt werden soll.

Meldefrist

Die Frist für die Anmeldung beginnt mit dem Ablauf des Tages des Einzugs (des tatsächlichen Bewohnens, auch wenn noch nicht alle Möbel da sind) (§ 187 Abs. 1 BGB). Sie endet also mit Ablauf des Tages zwei Wochen später, dessen Bezeichnung der Bezeichnung des Tages des Einzuges entspricht (§ 187 Abs. 2 BGB).

Beispiel:

Einzug am Donnerstag, 01.02.

Beginn der Frist: Freitag, 02.02., 00:00 Uhr.

Ende der Frist: Donnerstag, 16.02., 24:00 Uhr.

Entscheidend ist nicht, wann mit dem Einzug in die Wohnung begonnen wird. Entscheidend ist allein, wann die tatsächliche, auf Dauer angelegte Benutzung der Wohnung zum Aufenthalt oder Schlafen aufgenommen wird.

Abmeldung nach Auszug ohne neuen Inlandswohnsitz (§ 17 Abs. 2 BMG)

Begriff des Auszugs

Auszug bedeutet das tatsächliche und endgültige Verlassen einer Wohnung.

Kein Auszug, sondern lediglich eine vorübergehende Unterbrechung der Benutzung einer Wohnung liegt vor, wenn die Absicht und die tatsächliche Möglichkeit zur Fortsetzung der Nutzung der Wohnung bestehen. Von einem Auszug ist in der Regel erst auszugehen, wenn aus der Wohnung zur Benutzung erforderliche Einrichtungsgegenstände entfernt werden oder die voraussichtliche Abwesenheit länger als ein Jahr dauert (Nr. 17.2.2 BMGVwV).

Typische Fälle einer nur vorübergehenden Abwesenheit sind nach der BMGVwV auf ein Jahr begrenzte auswärtige Schulbesuche, eine auswärtige Berufsausbildung oder -ausübung sowie der Vollzug einer Freiheitsstrafe. Auch Auslandssemester oder unterjährige Freiwilligendienste im Bundesfreiwilligendienst, im Freiwilligen Sozialen oder Ökologischen Jahr, als freiwillig Wehrdienstleistender (FWDL) oder Reservistendienstleistender/Wehrübender (RDL/WÜ) dürften hierunter fallen.

Meldepflicht nur bei Auszug ohne neuen Inlandswohnsitz

Nur wer aus einer Wohnung auszieht und keine neue Wohnung im Inland bezieht, muss sich abmelden. Bei einem Umzug in eine neue inländische Wohnung genügt die Anmeldung am neuen Wohnort. Die dortige Meldebehörde teilt den Einzug der bisherigen Meldebehörde mit, was gleichzeitig die Abmeldung am bisherigen Wohnort ist.

Meldefrist

Für die Meldefrist gelten die gleichen Regeln wie für die Anmeldung. Die Abmeldung ins Ausland hat innerhalb von zwei Wochen zu erfolgen.

Die Frist beginnt mit Ablauf des Tages, an dem die tatsächliche Nutzung der Wohnung zu Wohnzwecken endgültig endet.

Wegen der Berechnung der Frist wird auf die obigen Ausführungen verwiesen.

Abmeldung vor Auszug

§ 17 Abs. 2 Satz 2 BMG gestattet eine Abmeldung frühestens eine Woche vor dem Auszug. Das ist eine praxisgerechte, bürgerfreundliche Regelung. Wenn sich die meldepflichtige Person im Falle des Wohnungswechsels ins Ausland erst nach dem Auszug abmelden könnte, wäre sie gezwungen, innerhalb der Meldefrist aus dem Ausland zurückzukehren, nur um sich bei der inländischen Meldebehörde ordnungsgemäß abzumelden. Das ist ein viel zu hoher Aufwand für die meldepflichtige Person und provoziert, dass Abmeldungen ins Ausland generell unterbleiben mit der Folge, dass eine „Abmeldung nach unbekannt“ ins Melderegister eingetragen werden müsste. Um das zu verhindern und die Meldedaten aktuell zu halten, ist es sachgerecht, auch eine vorzeitige Abmeldung ins Ausland zuzulassen. Die Fortschreibung des Melderegisters erfolgt dann zum gemeldeten Auszugsdatum.

Leitfaden

An- und Abmeldung

Rechtsgrundlagen

§ 17 BMG (Anmeldung, Abmeldung)

Grundsatz

Das Bundesmeldegesetz kennt nur die Begriffe der Anmeldung und der Abmeldung. Eine Ummeldung gibt es begrifflich nicht.

§ 17 BMG enthält die allgemeine Meldepflicht. § 23 BMG regelt, wie diese allgemeine Meldepflicht zu erfüllen ist. § 25 BMG verpflichtet die meldepflichtige Person zur Mitwirkung.

Anmeldung

Nach § 17 Abs. 1 BMG hat sich derjenige, der im Inland eine Wohnung bezieht, innerhalb von zwei Wochen nach dem Einzug bei der Meldebehörde anzumelden.

Nach § 17 Abs. 3 BMG sind für die Anmeldung oder Abmeldung von Personen unter 16 Jahren diejenigen verantwortlich, in deren Wohnung der Minderjährige einzieht bzw. aus deren Wohnung der Minderjährige auszieht. Neugeborene werden nur dann angemeldet, wenn sie nicht in den elterlichen Haushalt aufgenommen werden. Bei Personen, die unter Pflegschaft oder Betreuung stehen, ist der Pfleger bzw. Betreuer zuständig.

Beziehen einer Wohnung

Eine Anmeldung setzt voraus, dass zuvor eine Wohnung bezogen wurde. Das ist dann der Fall, wenn die tatsächliche Benutzung der Wohnung begonnen hat. Es kommt nur auf die tatsächliche Benutzung an. Ob die Benutzung rechtmäßig erfolgt, ist unbeachtlich.

Da die Benutzung eine gewisse Dauer voraussetzt, liegt bei Besuchern das Beziehen einer Wohnung regelmäßig nicht vor. Besucher ist, wer den Wohnungsinhaber aufgrund besonderer persönlicher Beziehungen aufgesucht hat und sich in dessen Wohnung für eine vorübergehende Zeit aufhält, ohne hierfür ein Entgelt zu entrichten.

Wann aus einem Besuch ein Einzug in die Wohnung wird, ist im Einzelfall zu ermitteln. Eine allgemein anerkannte zeitliche Beschränkung des Besuchsrechts gibt es nicht.

Als Faustformel kann angenommen werden, dass bei einer erwarteten Benutzungsdauer von weniger als zwei Wochen in der Regel von einem Besuch auszugehen ist. Erst bei einem Aufenthalt, der eine Dauer von sechs Monaten überschreitet und damit die Meldeverpflichtung nach § 27 Abs. 2 Satz 2 BMG auslöst, kann wohl mit einiger Sicherheit von einem Einzug gesprochen werden.

In dem Zwischenzeitraum (zwei Wochen bis sechs Monate) muss aus den Umständen des Einzelfalls auf die Absicht, die Wohnung für einen nicht unerheblichen Zeitraum zu nutzen, geschlossen werden. Ein Indiz könnte z. B. das Mitbringen von Einrichtungsgegenständen sein, jedenfalls von solchen, die ein Besucher für einen vorübergehenden Aufenthalt nicht unbedingt mit sich führen würde (z. B. Möbel, Haushaltsgegenstände).

Unbedingte Meldepflicht

Die Meldepflicht besteht unabhängig davon, ob die meldepflichtige Person die Wohnung in rechtlich zulässiger Weise bewohnt. Die meldepflichtige Person muss sich auch dann fristgemäß anmelden, wenn sie eine etwa erforderliche Aufenthaltserlaubnis nicht besitzt oder gegen eine ausländerrechtliche Wohnsitzauflage oder eine baurechtliche Regelung verstößt. Die Meldebehörde hat die Anmeldung auch in diesen Fällen entgegenzunehmen und zu verarbeiten.

Eine Anmeldung aus dem unbekannten Ausland ist nicht zulässig. Der Zuzug erfolgt dann aus dem letzten Start vor der Einreise über Land, Wasser oder Luft ins Inland.

Identitätsnachweis

Eine Anmeldung kann nicht erfolgen, wenn kein Identitätsnachweis vorgelegt wird, wozu die meldepflichtige Person nach § 20 Abs. 1 BMG verpflichtet ist. Kopien oder sonstige Ablichtungen von Ausweisdokumenten sind zum Nachweis der Identität nicht zugelassen, da diese nicht auf Echtheit überprüft werden können.

In allen Fällen, in denen die Personendaten und der Familienstand nicht oder nicht eindeutig belegt werden können, erfolgt eine Anmeldung zunächst mit den Grunddaten. Die Angaben zu den Kindern und ihren gesetzlichen Vertretern der Kinder sind ohne Nachweis ihrer Richtigkeit der Angaben nicht in den Datensatz der mutmaßlichen Eltern zu übernehmen.

Freiwillige Anmeldung

Ist eine Person von der Meldepflicht befreit (nach § 26 BMG) oder liegt eine Ausnahme vor (nach § 21 BMG), ist die Anmeldung der nicht meldepflichtigen Personen als freiwillige Anmeldung entgegenzunehmen. Die betroffene Person ist darauf hinzuweisen, dass ihre Anmeldung freiwillig erfolgt und ihre Daten entsprechend der melderechtlichen Vorschriften verarbeitet werden. Sie ist verpflichtet, den Wegzug oder die Änderung personenbezogener Daten mitzuteilen. Im Melderegister ist die Befreiung von der Meldepflicht zu vermerken.

Beruflich Reisende

Beruflich Reisende sind Personen, die eine gültige Reisegewerbekarte besitzen und wegen ihrer gewerblichen Tätigkeit überwiegend im Inland unterwegs sind und dabei dauerhaft im Wohnwagen leben, ohne eine Wohnung im Sinne des § 20 BMG zu beziehen.

Für diese Personengruppe ist eine freiwillige Anmeldung entgegenzunehmen, wenn ein ausreichender örtlicher Anknüpfungspunkt besteht. Dabei muss gewährleistet sein, dass die gemeldete Person über diese Adresse ganzjährig erreichbar ist. Allein die Adresse des Arbeitgebers reicht als Anknüpfungspunkt nicht aus.

Anmeldung nach Abmeldung „nach unbekannt“

Die Abmeldung „nach unbekannt“ erfasst diejenigen Fälle, in denen Personen unter Verletzung der Meldepflicht die bisherige Wohnung verlassen haben oder sich eigenständig „nach unbekannt“ abgemeldet haben.

Meldet sich eine „nach unbekannt“ abgemeldete Person wieder bei einer anderen Meldebehörde an, wird das Rückmeldeverfahren mit der letzten zuständigen Meldebehörde durchgeführt. Eine Zurückweisung der Rückmeldung wegen der Abmeldung nach unbekannt ist unzulässig. Das Rückmeldeverfahren entfällt, wenn sich die meldepflichtige Person im Zuständigkeitsbereich derselben Meldebehörde wieder anmeldet.

Einzelne Fallkonstellationen sind in Nr. 17.1.6 BMGVwV beschrieben.

Anmeldung und Ermittlung von Amts wegen

Die meldepflichtige Person ist nach § 23 BMG zur Mitwirkung bei der Anmeldung oder Abmeldung verpflichtet.

Verweigert oder unterlässt eine meldepflichtige Person die Mitwirkung bei der Anmeldung, hat die Anmeldung von Amts wegen zunächst mit den in der Meldebehörde vorhandenen Daten zu erfolgen.

Ein Rückmeldeverfahren kann erst durchgeführt werden, wenn die Meldebehörde eine Wegzugsmeldebehörde ermitteln kann. Das kann im Rahmen des automatisierten Datenabrufs geschehen. Regelmäßige Datenübermittlungen erfolgen unverzüglich. Hierbei wird als Wegzugsanschrift „unbekannt“ übermittelt.

Anschließend sind die fehlenden Daten von Amts wegen zu ermitteln. Dies kann durch Nutzung der vom Bundeszentralamt für Steuern (BZSt) zugeteilten Identifikationsnummer erfolgen.

Wird hierbei durch den Datensatz des Bundeszentralamtes für Steuern ein Konfliktfall mit einer anderen Meldebehörde ausgelöst, hat die Zuzugsmeldebehörde festzustellen, ob Personengleichheit vorliegt. Ist dies der Fall, folgt das Rückmeldeverfahren mit der bisher zuständigen Meldebehörde.

Lassen sich die Daten der betroffenen Personen nicht über die Daten des Bundeszentralamtes für Steuern, über andere Behörden, den Wohnungsgeber oder eigene Ermittlungen herausfinden bzw. verifizieren, können Zwangsmittel gegen die meldepflichtige Person verhängt werden.

Wiederzuzug nach Wegzug ins Ausland ohne Abmeldung

Verzieht eine betroffene Person unter Verletzung der allgemeinen Meldepflicht in das Ausland, bleibt sie im Bundesgebiet aktuell gemeldet.

Bei Wiederzuzug aus dem Ausland sind die Melderegisterdaten zu aktualisieren und fortzuschreiben. Das Vorgehen ist in Nr. 17.1.8 BMGVwV beschrieben.

Personen in einer Aufnahmeeinrichtung

Auch Asylbewerber und Flüchtlinge, die in Aufnahmeeinrichtungen untergebracht sind, unterliegen grundsätzlich der allgemeinen Meldepflicht nach § 17 Abs. 1 BMG.

Allerdings kann nach § 27 Abs. 3 Satz 2 BMG i. V. m. § 27 Abs. 2 und Abs. 3 Satz 1 Nr. 2 BMG die Meldeverpflichtung dadurch erfüllt werden, dass die für die Erfassung von Personen in Aufnahmeeinrichtungen zuständige Stelle der Meldebehörde die für die Anmeldung notwendigen Daten übermittelt.

Abmeldung

Nach § 17 Abs. 2 BMG hat sich derjenige, der aus einer Wohnung im Inland auszieht und keine neue Wohnung im Inland bezieht, innerhalb von zwei Wochen nach dem Auszug bei der Meldebehörde abzumelden.

Nach § 17 Abs. 3 BMG sind für die Anmeldung oder Abmeldung von Personen unter 16 Jahren diejenigen verantwortlich, in deren Wohnung der Minderjährige einzieht bzw. aus deren Wohnung der Minderjährige auszieht. Neugeborene werden nur angemeldet, wenn sie nicht in den elterlichen Haushalt aufgenommen werden. Bei Personen, die unter Pflegschaft oder Betreuung stehen, ist der Pfleger bzw. Betreuer zuständig.

Abgrenzung des Auszugs von einer vorübergehenden Abwesenheit

Auszug ist das tatsächliche, endgültige Verlassen einer Wohnung. Kein Auszug, sondern lediglich eine vorübergehende Unterbrechung der Benutzung einer Wohnung liegt vor, wenn die Absicht und die tatsächliche Möglichkeit bestehen, die Benutzung der Wohnung fortzusetzen. Von einem Auszug ist daher in der Regel nur dann auszugehen, wenn aus der Wohnung die zur Benutzung erforderlichen Einrichtungsgegenstände entfernt werden oder die voraussichtliche Abwesenheit länger als ein Jahr andauert (Nr. 17.2.2 BMGVwV).

Ein angekündigter Inlandswohnungswechsel rechtfertigt für sich genommen noch keine Abmeldung. Es ist vielmehr die Rückmeldung der nunmehr zuständigen Meldebehörde abzuwarten (Nr. 17.2.1 BMGVwV).

Abmeldung „nach unbekannt“

Die Abmeldung nach unbekannt betrifft diejenigen Fälle, in denen Personen unter Verletzung der Meldepflicht die bisherige Wohnung verlassen haben oder sich eigenständig „nach unbekannt“ abmelden.

Erhält die Meldebehörde Kenntnis von der Aufgabe der Wohnung unter Verletzung der Meldepflicht, meldet sie die Person von Amts wegen ab. Der betreffende Datensatz im Datenbestand der Meldebehörde wird von aktuell auf inaktuell geändert. Die Empfänger regelmäßiger Datenübermittlungen werden informiert.

Falls festgestellt wird, dass die Abmeldung „nach unbekannt“ zu Unrecht erfolgt ist, weil die Wohnung nicht aufgegeben wurde, ist diese rückgängig zu machen.

Im Melderegister darf in diesem Fall nicht mehr erkennbar sein, dass zwischenzeitlich eine Abmeldung „nach unbekannt“ erfolgt war.

Minderjährige

Bei Neugeborenen kann das Feld zum Wohnungsgeber frei bleiben, wenn das Neugeborene in den Haushalt eines Elternteils einzieht. Diese Angabe kann dann auch aus dem Datensatz der Mutter/der Eltern übernommen werden, um das Auskunftsrecht nach § 50 Abs. 4 BMG erfüllen zu können.

Kann das Standesamt die Geburt noch nicht beurkunden, weil die Identität der Eltern unklar ist, und wollen die Eltern dennoch die Anmeldung des Kindes vornehmen, so ist das Kind unter Vorlage der Bescheinigung des Standesamtes über die ausstehende Beurkundung (§ 7 Abs. 2 PStV) anzumelden. Dabei werden die Daten des Kindes und gegebenenfalls der Eltern gemäß der vorgenannten Bescheinigung gespeichert.

Personen ab dem 16. Lebensjahr üben die Meldepflicht persönlich aus. Personensorgeberechtigte können auch dann keine Berichtigung des Melderegisters verlangen, wenn Minderjährige ab dem 16. Lebensjahr entgegen dem Willen der Personensorgeberechtigten aus deren Wohnung ausgezogen sind.

Auch beim gemeinsamen Sorgerecht der Eltern bedarf es für die Anmeldung einer minderjährigen Person nicht der Unterschriften beider Elternteile auf dem Meldeschein. Das gilt auch dann, wenn die Eltern getrennt leben. Die Meldebehörde ist nicht verpflichtet zu prüfen, welchem Elternteil das Aufenthaltsbestimmungsrecht obliegt. Personensorgerechtliche Erwägungen sind bei der Erfüllung der Meldepflicht ohne Bedeutung.

Allerdings ist die Hauptwohnung des Minderjährigen nach § 22 BMG zu bestimmen, wenn die Eltern in getrennten Wohnungen leben.

Bezieht ein minderjähriges Kind unter 16 Jahren eine Wohnung einer dritten Person und ist auch noch bei einem Personensorgeberechtigten gemeldet, so ist die dritte Person für die Anmeldung zuständig (§ 17 Abs. 3 BMG). Das Kind hat dann bei den Personensorgeberechtigten seiner Hauptwohnung und bei der dritten Person seine Nebenwohnung (§ 22 Abs. 2 BMG).

Wird das minderjährige Kind unter 16 Jahren mit alleiniger Wohnung bei der dritten Person angemeldet, muss insbesondere der endgültige Auszug aus der Wohnung der Personensorgeberechtigten nachgewiesen werden, damit eine Scheinanmeldung ausgeschlossen werden kann. Zum Nachweis der Angaben des Meldepflichtigen kann die Meldebehörde nach § 25 Nr. 2 BMG die Vorlage einer Bescheinigung der Personensorgeberechtigten über den erfolgten endgültigen Auszug verlangen.

Merkblatt

Begriff des Wohnungsgebers

Rechtsgrundlagen

§ 19 BMG (Mitwirkung des Wohnungsgebers)

§ 54 BMG (Bußgeldvorschriften)

Grundsatz

Nach § 19 Abs. 1 Satz 1 BMG ist der Wohnungsgeber verpflichtet, bei der Anmeldung mitzuwirken. Dazu hat der Wohnungsgeber oder eine von ihm beauftragte Person der meldepflichtigen Person den Einzug schriftlich oder gegenüber der Meldebehörde nach § 19 Abs. 4 BMG auch elektronisch innerhalb der in § 17 Abs. 1 BMG genannten Frist zu bestätigen.

Nach § 19 Abs. 5 BMG kann die Meldebehörde vom Eigentümer der Wohnung bzw. vom Wohnungsgeber Auskunft verlangen über Personen, die bei ihm wohnen oder gewohnt haben.

Nach § 19 Abs. 6 BMG ist es verboten, unzutreffende Wohnungsbestätigungen anzubieten oder zur Verfügung zu stellen.

Nach § 54 Abs. 1 BMG handelt ordnungswidrig, wer entgegen § 19 Abs. 6 BMG eine Wohnanschrift anbietet oder zur Verfügung stellt. In diesen Fällen kann nach § 54 Abs. 3 1. Alt. BMG eine Geldbuße von bis zu 50.000 € verhängt werden.

Nach § 54 Abs. 2 BMG handelt ordnungswidrig, wer vorsätzlich oder fahrlässig

- den Einzug nicht, nicht richtig oder nicht rechtzeitig bestätigt (Nr. 3),
- eine Bestätigung ausfüllt, ohne Wohnungsgeber oder eine vom Wohnungsgeber beauftragte Person zu sein (Nr. 4),
- ein Auskunftsverlangen der Meldebehörde nach § 19 Abs. 5 BMG nicht erfüllt (Nr. 5).

In diesen Fällen kann nach § 54 Abs. 3 2. Alt. BMG eine Geldbuße von bis zu 1.000 € verhängt werden.

Begriff des Wohnungsgebers

Wohnungsgeber ist, wer einem anderen eine Wohnung tatsächlich zur Benutzung überlässt. Es kommt nicht darauf an, ob der Überlassung der Wohnung ein wirksames Rechtsverhältnis zugrunde liegt.

Wohnungsgeber ist z. B. der Eigentümer oder Nießbraucher, der die Wohnung vermietet, oder die vom Eigentümer mit der Vermietung der Wohnung beauftragte Person oder Stelle. So können z. B. Wohnungsbaugesellschaften Eigentümer sein und durch vertretungsberechtigte Mitarbeiter die Wohnungsgeberbestätigung abgeben, während Hausverwaltungen in der Regel als Beauftragte für den Eigentümer tätig werden.

Für Personen, die zur Untermiete wohnen, ist der Hauptmieter der Wohnungsgeber. Der Hauptmieter ist auch Wohnungsgeber, wenn ein Teil der Wohnung einem Dritten ohne Gegenleistung oder lediglich gegen Erstattung der Unkosten zur tatsächlichen Benutzung überlassen wird. Die Meldebehörde prüft die Zulässigkeit von Untermietverhältnissen nicht.

Pflicht zur schriftlichen oder elektronischen Anmeldung

Der Wohnungsgeber oder eine von ihm beauftragte Person hat den Einzug aller meldepflichtigen Personen schriftlich mit Unterschrift oder gegenüber der Meldebehörde nach § 19 Abs. 4 BMG elektronisch innerhalb der in § 17 Abs. 1 oder 2 BMG genannten Fristen zu bestätigen. Auf der Wohnungsgeberbestätigung sind daher ebenfalls Personen unter 16 Jahren anzugeben, da diese auch der Meldepflicht unterliegen.

Sofern das von der meldepflichtigen Person mitgeteilte Datum des Einzuges oder Auszuges vom durch den Wohnungsgeber mitgeteilten Datum abweicht, soll in der Regel das von der meldepflichtigen Person mitgeteilte Datum im Melderegister gespeichert werden.

Ein Verstoß gegen diese Pflicht ist bußgeldbewehrt (s. o.).

FORUM

Wohnungsgeberregister

Ein Wohnungsgeberregister darf nicht erstellt werden.

Bezug durch den Eigentümer selbst

Bei Bezug einer Wohnung durch den Eigentümer erfolgt die Bestätigung des Wohnungsgebers als Eigenerklärung der meldepflichtigen Person.

MELDEPFLICHT

Merkblatt

Anmeldung von Flüchtlingen

Vorbemerkung

Dieses Merkblatt betrifft Flüchtlinge, also Personen, die aus völkerrechtlichen oder humanitären Gründen Schutz in der Bundesrepublik Deutschland erhalten (§§ 22 ff. AufenthG). Es betrifft nicht Asylsuchende, also Ausländer, die um Asyl nachgesucht haben und nach den Vorschriften des Asylgesetzes oder des Aufenthaltsgesetzes erkennungsdienstlich behandelt wurden und einen Ankunftsnachweis nach § 63a Abs. 1 AsylG erhalten haben.

Rechtsgrundlagen

§ 17 Bundesmeldegesetz (Anmeldung, Abmeldung)

§ 18 Bundesmeldegesetz (Meldebescheinigung)

§ 19 Bundesmeldegesetz (Mitwirkung des Wohnungsgebers)

§ 23 Bundesmeldegesetz (Erfüllung der allgemeinen Meldepflicht)

§ 24 Bundesmeldegesetz (Datenerhebung, Meldebestätigung)

§ 25 Bundesmeldegesetz (Mitwirkungspflichten der meldepflichtigen Person)

§ 3 Bundesmeldegesetz (Speicherung von Daten)

Meldepflicht

Wenn Geflüchtete nach ihrer Einreise erstmals eine Wohnung in Deutschland beziehen oder bei Freunden/Bekannten/Familie in eine Wohnung aufgenommen werden, müssen sie sich in den ersten drei Monaten nicht anmelden. Sie können dies jedoch freiwillig tun. Eine freiwillige Anmeldung empfiehlt sich insbesondere, wenn für Kinder ein Schul- oder Kindergartenplatz oder andere Leistungen der Kommune benötigt werden.

Nach Ablauf von drei Monaten besteht für Geflüchtete und ihre Kinder eine Anmeldepflicht.

Sie müssen sich bei der zuständigen Meldebehörde anmelden. Für Personen bis zum vollendeten 16. Lebensjahr ist die Meldepflicht von demjenigen zu erfüllen, in dessen Wohnung die Minderjährigen einziehen. Neugeborene, die in Deutschland geboren wurden, sind nur anzumelden, wenn sie in eine andere Wohnung als die der Eltern oder der Mutter aufgenommen werden. Soweit sie über folgende **Unterlagen** verfügen, müssen diese zur Anmeldung mitgebracht oder nachgereicht werden:

- Biometrischer Reisepass oder andere Identitätsdokumente, z. B. ID-Karte, für alle Familienangehörigen
- Aufenthaltserlaubnis bzw. Fiktionsbescheinigung, Anlaufbescheinigung oder Ankunftsnachweis
- Wohnungsbestätigung (diese erhalten Flüchtlinge von ihrem Vermieter der Wohnung bzw. der Person, die sie in ihre Wohnung aufnimmt)
- Geburtsurkunde für Kinder, Heiratsurkunde für Ehepaare

Sofern über kein oben genanntes Dokument verfügt wird, auf dem die Personalien in lateinischen Buchstaben geschrieben sind, muss vor der Anmeldung bei der Meldebehörde zuerst die Registrierung bei der Aufnahmeeinrichtung/Ausländerbehörde durchgeführt werden.

Hinweis:

Die Daten werden im Melderegister gespeichert. Als Nachweis über die Anmeldung erhalten Geflüchtete eine amtliche Meldebestätigung. **Diese muss sorgfältig aufbewahrt werden. Die Meldebescheinigung wird als Nachweis der Wohnung bei anderen Behörden benötigt. Sie muss insbesondere bei der Ausländerbehörde/Aufnahmeeinrichtung vorgelegt werden.**

Leitfaden und Checkliste

Anmeldung von Flüchtlingen

Amt/Meldebehörde: ____________________

Name des Prüfers: ____________________

Ort/Datum: ____________________, den ____________

Leitfaden zur Anmeldung von Flüchtlingen

Grundsatz

Auch Flüchtlinge und Asylbewerber unterliegen der allgemeinen Meldepflicht nach § 17 Abs. 1 BMG. Dies gilt auch im Fall einer Unterbringung in einer Erstaufnahmeeinrichtung, Zentralen Unterbringungseinrichtung oder einer Notunterkunft und erst recht nach der Verteilung auf die Gemeinden mit Unterbringung in einer bereitgestellten Wohnung.

Grundsätzlich haben auch Flüchtlinge und Asylbewerber die ihnen obliegende Meldeverpflichtung in dem in § 23 BMG beschriebenen Verfahren, insbesondere durch persönliches Erscheinen und Unterschriftsleistung durch den Meldepflichtigen, zu erfüllen.

Allerdings konstatiert § 27 Abs. 3 Satz 2 BMG i. V. m. § 27 Abs. 2 und Abs. 3 Satz 1 Nr. 2 BMG eine Ausnahme dahin gehend, dass Flüchtlinge und Asylbewerber erst nach Ablauf von drei Monaten (nach Aufnahme in die Aufnahmeeinrichtung) meldepflichtig sind.

Zulässige Abweichung

Nach § 27 Abs. 3 Satz 2 BMG kann die Meldepflicht von Flüchtlingen und Asylbewerbern auch dadurch erfüllt werden, dass die für die Erfassung von Personen in den Aufnahmeeinrichtungen zuständige Stelle der Meldebehörde die für die Anmeldung notwendigen Daten übermittelt (§ 18e AZRG).

Melderegistereintrag erst nach Klärung

Legt eine Person, zu der im Melderegister elektronisch aus dem Ausländerzentralregister übermittelte Daten gespeichert sind (vgl. § 18e AZRG), bei der persönlichen Anmeldung in der zuständigen Meldebehörde Unterlagen, Urkunden oder sonstige Dokumente mit Grundpersonalien vor, die mit den im Melderegister gespeicherten Daten nicht übereinstimmen, ist vor einer Eintragung der abweichenden Daten in das Melderegister eine Änderung oder Neuausstellung der zuvor ausgestellten ausländerrechtlichen Identifikationsdokumente (z. B. Aufenthaltsgestattung gem. § 64 Abs. 1 AsylG, Aufenthaltstitel oder Duldung mit Ausweisersatzfunktion gem. § 48 Abs. 2 AufenthG) erforderlich. Zuständig für die Änderung oder Neuausstellung ist das Bundesamt für Migration und Flüchtlinge oder die jeweils zuständige Ausländerbehörde (Nr. 17.1.9 BMGVwV).

Erst nach Klärung durch das Bundesamt für Migration und Flüchtlinge und ggf. Korrektur der ausländerrechtlichen Identifikationsdokumente ist eine fehlerhafte Datenübernahme in das Melderegister ausgeschlossen.

Nr.	Prüffragen	Ja	Nein	Bemerkungen
1.	Liegt eine Meldung nach § 18e AZRG vor?	☐	☐	Die Meldung nach § 18e AZRG entbindet den Betroffenen grundsätzlich nicht von der allgemeinen Meldepflicht nach § 17 BMG.
2.	Liegt eine Befreiung von der Meldepflicht gem. § 26 BMG vor?	☐	☐	1. Mitglieder einer ausländischen diplomatischen Mission oder einer ausländischen konsularischen Vertretung und die mit ihnen im gemeinsamen Haushalt lebenden Familienmitglieder sind von der allgemeinen Meldepflicht befreit. 2. Das gilt dann nicht, wenn die genannten Personen die deutsche Staatsangehörigkeit

Nr.	Prüffragen	Ja	Nein	Bemerkungen
				besitzen, im Inland ständig ansässig sind und eine private Erwerbstätigkeit ausüben. 3. Das gilt auch nicht, wenn deutsche Staatsangehörige in dem anderen Staat nicht ebenfalls von der Meldepflicht befreit sind. 4. Das Gleiche gilt für Personen, für die diese Befreiung in völkerrechtlichen Übereinkünften festgelegt ist.
3.	Liegt eine Ausnahme von der Meldepflicht gem. § 27 BMG vor?	☐	☐	1. Von der Meldepflicht ausgenommen sind insbesondere Personen, die für eine Wohnung im Inland bereits gemeldet sind und daneben in eine Gemeinschaftsunterkunft oder eine andere dienstlich bereitgestellte Unterkunft ziehen. 2. Von der Meldepflicht ebenfalls ausgenommen sind Personen, die im Inland gemeldet sind und zusätzlich zu der gemeldeten Wohnung für nicht länger als sechs Monate eine andere Wohnung beziehen. 3. Diese zweite Ausnahme gilt insbesondere nicht für Asylbewerber oder sonstige Ausländer, die für mehr als drei Monate eine Aufnahmeeinrichtung oder eine sonstige zugewiesene Unterkunft beziehen.
4.	Hat der Betroffene sich persönlich angemeldet?	☐	☐	Grundsätzlich hat die Anmeldung im Verfahren nach § 23 BMG, also persönlich, zu erfolgen. Die Anmeldung kann auch nach § 27 Abs. 3 Satz 2 BMG aufgrund der für die Erfassung der Ausländer in den Aufnahmeeinrichtungen zuständigen Stelle übermittelten Daten erfolgen (weiter mit Nr. 7).
5.	Hat der Betroffene bei der Anmeldung Unterlagen, Urkunden oder sonstige Dokumente mit Grundpersonalien vorgelegt, die mit den im Melderegister gespeicherten Daten nicht übereinstimmen?	☐	☐	In dem Fall ist vor der Eintragung der abweichenden Daten in das Melderegister eine Änderung oder Neuausstellung der zuvor ausgestellten ausländerrechtlichen Identifikationsdokumente erforderlich.
6.	Sind die ausländerrechtlichen Identifikationsdokumente auf dem aktuellen Stand?	☐	☐	Dann kann die Eintragung auf der Grundlage der aktualisierten Daten erfolgen.
7.	Kann die Anmeldung gem. § 27 Abs. 3 Satz 2 BMG aufgrund der nach § 18e AZRG übermittelten Daten erfolgen?	☐	☐	

Merkblatt

Rechtliche Grundlage Haupt- und Nebenwohnung

Das Melderecht sieht vor, dass von mehreren Wohnungen, die ein Einwohner im Bundesgebiet bewohnt, eine Wohnung die **Hauptwohnung** ist. Die übrigen Wohnungen werden als **Nebenwohnungen** bezeichnet.

Die Festlegung als Haupt- und Nebenwohnung ist gesetzlich geregelt. Sie steht also nicht im Belieben des Einwohners.

1. Ehe und Lebenspartnerschaft

Hauptwohnung einer verheirateten oder in einer Lebenspartnerschaft lebenden Person, die nicht dauernd getrennt von der Familie oder ihrem Lebenspartner lebt, ist die vorwiegend benutzte Wohnung der Familie oder Lebenspartner.

Kann eine zeitlich vorwiegend gemeinsam genutzte Wohnung der Familie/Lebenspartner nicht bestimmt werden, so ist die Hauptwohnung dort, wo der gemeinsame Schwerpunkt der Lebensbeziehungen der Familie/Lebenspartner liegt. Nur für den besonderen Fall, dass der Wohnungsstatus einer verheirateten Person oder einer Person, die eine Lebenspartnerschaft führt, auch hiernach nicht zweifelsfrei bestimmt werden kann, gilt die Wohnung als Hauptwohnung, die von der betroffenen Person vorwiegend benutzt wird.

2. Alleinstehende

Bei dauernd getrennt lebenden, ledigen, geschiedenen oder verwitweten Personen ist die Hauptwohnung die vorwiegend benutzte Wohnung. Erfahrungsgemäß ist die Wohnung, von der aus man der Arbeit, dem Studium oder der Ausbildung nachgeht, die vorwiegend benutzte Wohnung und damit die Hauptwohnung. Bei Anmeldung mit Nebenwohnung in ______________________________ muss der anliegende Fragebogen ausgefüllt werden. Erst wenn sich aus einem zeitlichen Vergleich oder den jeweiligen Wohnungsnutzungen die vorwiegend benutzte Wohnung nicht eindeutig ermitteln lässt, kommt es auf den Schwerpunkt der Lebensbeziehungen des Einwohners an (Zweifelsfallregelung). Sollte dies zutreffen, müssen in der Rubrik „weitere Angaben" Ausführungen dazu gemacht werden. Hier können auch sonstige zusätzliche Angaben gemacht werden, die erforderlich sind.

3. Minderjährige

Hauptwohnung eines minderjährigen Einwohners ist die vorwiegend benutzte Wohnung des oder der Sorgeberechtigten; leben diese getrennt, ist Hauptwohnung die Wohnung der sorgeberechtigten Person, die von dem minderjährigen Einwohner vorwiegend benutzt wird.

4. Einrichtungen für Menschen mit Behinderung

Hauptwohnung einer Person, die in einer Einrichtung für Menschen mit Behinderung untergebracht ist, bleibt auf Antrag der Person mit Behinderung bis zur Vollendung des 25. Lebensjahres die Wohnung des oder der Sorgeberechtigten bzw. der Eltern.

Rechtliche Hinweise:

Die Festlegung, welche von mehreren Wohnungen die Hauptwohnung ist, wird von der Meldebehörde getroffen und kann nicht von der meldepflichtigen Person frei gewählt werden.

Hauptwohnung nach § 21 Abs. 2 BMG ist die vorwiegend benutzte Wohnung. Welche von mehreren Wohnungen vorwiegend benutzt wird, bestimmt sich nach den tatsächlichen Aufenthaltszeiten. Das Bundesverwaltungsgericht hat klargestellt, dass sich die vorwiegende Nutzung nicht nach dem Aufenthalt in der Wohnung selbst, sondern nach dem Aufenthalt an dem Ort, in dem sich die Wohnung befindet, bestimmt. Der überwiegende Aufenthalt wiederum wird durch eine taggenaue Vergleichsberechnung ermittelt. Dies hat zur Folge, dass Tage, an denen sich die meldepflichtige Person nicht ausschließlich an einem der beiden Wohnorte aufhält, dem Ort zugerechnet werden, an dem der überwiegende Teil dieser Tage entfällt.

Hinweis:

Grundlage für die Berechnung sind die Angaben der meldepflichtigen Person. Die Meldebehörde prüft, ob die Angaben glaubhaft und nachvollziehbar sind.

Rechtliche Grundlagen nach dem Bundesmeldegesetz

§ 21 Mehrere Wohnungen

(1) Hat ein Einwohner mehrere Wohnungen im Inland, so ist eine dieser Wohnungen seine Hauptwohnung.

(2) Hauptwohnung ist die vorwiegend benutzte Wohnung des Einwohners.

(3) Nebenwohnung ist jede weitere Wohnung des Einwohners im Inland.

(4) Die meldepflichtige Person hat der Meldebehörde bei jeder An- oder Abmeldung mitzuteilen, welche weiteren Wohnungen im Inland sie hat und welche Wohnung ihre Hauptwohnung ist. Sie hat jede Änderung der Hauptwohnung innerhalb von zwei Wochen der Meldebehörde mitzuteilen, die für die neue Hauptwohnung zuständig ist. Zieht die meldepflichtige Person aus einer ihrer Nebenwohnungen im Inland aus und bezieht keine neue Wohnung, so hat sie dies der Meldebehörde, die für die Nebenwohnung zuständig ist, oder der Meldebehörde, die für die alleinige Wohnung oder die Hauptwohnung zuständig ist, mitzuteilen.

§ 22 Bestimmung der Hauptwohnung

(1) Hauptwohnung eines verheirateten oder eine Lebenspartnerschaft führenden Einwohners, der nicht dauernd getrennt von seiner Familie oder seinem Lebenspartner lebt, ist die vorwiegend benutzte Wohnung der Familie oder der Lebenspartner.

(2) Hauptwohnung eines minderjährigen Einwohners ist die vorwiegend benutzte Wohnung der Personensorgeberechtigten; leben diese getrennt, ist Hauptwohnung die Wohnung des Sorgeberechtigten, die von dem minderjährigen Einwohner vorwiegend benutzt wird.

(3) In Zweifelsfällen ist die vorwiegend benutzte Wohnung dort, wo der Schwerpunkt der Lebensbeziehungen des Einwohners liegt.

(4) Kann der Wohnungsstatus eines verheirateten oder eine Lebenspartnerschaft führenden Einwohners nach den Absätzen 1 und 3 nicht zweifelsfrei bestimmt werden, ist die Hauptwohnung die Wohnung nach § 21 Absatz 2.

(5) Auf Antrag eines Einwohners, der in einer Einrichtung für behinderte Menschen wohnt, bleibt die Wohnung nach Absatz 2, bis er 25 Jahre alt ist, seine Hauptwohnung.

§ 25 Mitwirkungspflichten der meldepflichtigen Person

Die meldepflichtige Person hat auf Verlangen der Meldebehörde

1. die zur ordnungsgemäßen Führung des Melderegisters erforderlichen Auskünfte zu erteilen,
2. die zum Nachweis der Angaben erforderlichen Unterlagen vorzulegen und
3. persönlich bei der Meldebehörde zu erscheinen.

Checkliste

Prüfung der Meldung von Haupt- und Nebenwohnung

Amt/Meldebehörde: ______________________________

Name des Prüfers: ______________________________

Ort/Datum: ______________________________ , den ______________

Nr.	Prüffragen	Ja	Nein	Bemerkungen
1.	Hat die meldepflichtige Person mehrere Wohnungen im Inland?	☐	☐	Hat die meldepflichtige Person nur eine Wohnung im Inland, so gilt diese als Hauptwohnung.
2.	Hat die meldepflichtige Person die anzumeldende Wohnung zur Hauptwohnung erklärt?	☐	☐	Hat die meldepflichtige Person mehrere Wohnungen im Inland, muss sie eine davon zur Hauptwohnung erklären. Diese Erklärung ist in der Regel maßgebend, muss aber von der Meldebehörde auf ihre Plausibilität geprüft werden. Hauptwohnung ist die vorwiegend benutzte Wohnung des Einwohners.
3.	Ist die meldepflichtige Person verheiratet oder führt sie eine eingetragene Lebenspartnerschaft und lebt sie nicht dauernd getrennt und ist die angemeldete Hauptwohnung die vorwiegend benutzte Wohnung der Familie?	☐	☐	Hauptwohnung eines verheirateten oder eine Lebenspartnerschaft führenden Einwohners, der nicht dauernd getrennt von seiner Familie oder seinem Lebenspartner lebt, ist die vorwiegend benutzte Wohnung der Familie oder der Lebenspartner.
4.	Ist der Wohnungsstatus eines verheirateten oder eine Lebenspartnerschaft führenden Einwohners unklar?	☐	☐	Kein Wohnungsstatus eines verheirateten oder eine Lebenspartnerschaft führenden Einwohners nach § 22 Abs. 1-3 BMG nicht zweifelsfrei bestimmt werden, ist die Hauptwohnung die vorwiegend benutzte Wohnung des Einwohners (§ 21 Abs. 2 BMG).
5.	Gibt es Anhaltspunkte, dass die als Hauptwohnung angemeldete Wohnung nicht die vorwiegend benutzte Wohnung der meldepflichtigen Person ist?	☐	☐	Liegen solche Anhaltspunkte vor, muss von Amts wegen geprüft werden, welche von mehreren Wohnungen die vorwiegend benutzte Wohnung des Einwohners ist. Die Hauptwohnung ist dann von Amts wegen zu bestimmen.
6.	Hält sich die meldepflichtige Person überwiegend an dem Ort auf, in dem sich die Hauptwohnung befindet?	☐	☐	Zunächst ist zu prüfen, ob sich aus den vorliegenden Informationen ableiten lässt, dass die meldepflichtige Person sich offensichtlich überwiegend am Ort der angemeldeten Hauptwohnung aufhält. Es kommt darauf an, ob die meldepflichtige Person sich überwiegend im Bezirk der Meldebehörde aufhält. Auf die Aufenthaltszeiten in den jeweiligen Wohnungen selbst kommt es nur an, wenn sich Haupt- und Nebenwohnung im Bezirk derselben Meldebehörde befinden. Es ist eine rein quantitative Bewertung vorzunehmen. Der Ort, an dem die meldepflichtige Person den überwiegenden Teil des Tages verbracht hat, zählt als ganzer Aufenthaltstag an diesem einen Ort. Eine Gewichtung der Aufenthaltszeiten findet nicht statt.

Nr.	Prüffragen	Ja	Nein	Bemerkungen
7.	Lässt sich für den Prognosezeitraum (ein Jahr ab der Anmeldung) mit überwiegender Wahrscheinlichkeit sagen, dass sich die meldepflichtige Person überwiegend an dem Ort der angemeldeten Hauptwohnung aufhalten wird?	☐	☐	Bei meldepflichtigen Personen, die sich nicht offensichtlich überwiegend am Ort der angemeldeten Hauptwohnung aufhalten werden, weil sie vorhersagbar auch viel Zeit am Ort einer oder mehrerer Nebenwohnungen verbringen werden, ist eine Prognose darüber anzustellen, wie sich die Aufenthalte (gerechnet in ganzen Tagen) auf die verschiedenen Wohnungen verteilen werden. Die Wohnung, die prognostisch am häufigsten aufgesucht werden wird, ist die Hauptwohnung.
8.	Ist der Einwohner minderjährig und lässt sich dessen Hauptwohnung bestimmen?	☐	☐	Hauptwohnung eines minderjährigen Einwohners ist die vorwiegend benutzte Wohnung der Personensorgeberechtigten. Leben diese getrennt, ist Hauptwohnung die Wohnung des Sorgeberechtigten, die von dem Minderjährigen Einwohner vorwiegend benutzt wird.
9.	Lässt sich der Schwerpunkt der Lebensbeziehungen des Einwohners feststellen, wenn sich die Hauptwohnung nicht eindeutig bestimmen lässt?	☐	☐	Nur in Zweifelsfällen, die es praktisch nicht geben kann, ist die vorwiegend benutzte Wohnung dort, wo der Schwerpunkt der Lebensbeziehungen des Einwohners liegt. Diese Regel ist auf alle Fälle der §§ 21, 22 BMG anzuwenden. Anhaltspunkte für den Schwerpunkte der Lebensbeziehungen sind z. B. gesellschaftliche oder politische Aktivitäten, familiäre Bindungen, Mitgliedschaften in Vereinen oder die Lage im Schulbezirk.
10.	Wurde ein Antrag nach § 22 Abs. 5 BMG gestellt?	☐	☐	Auf Antrag eines Einwohners, der in einer Einrichtung für Menschen mit Behinderungen wohnt, bleibt die Wohnung nach § 22 Abs. 2 (Hauptwohnung eines minderjährigen Einwohners), bis er 25 Jahre alt ist, seine Hauptwohnung.

Merkblatt

An- und Abmeldung von Minderjährigen

Rechtsgrundlagen

§ 17 Abs. 1 und 2 BMG (Personen ab 16 Jahre)

§ 17 Abs. 3 BMG (Personen unter 16 Jahren)

§ 17 Abs. 4 BMG (Neugeborene)

§ 22 Abs. 2 BMG (Bestimmung der Hauptwohnung)

§ 25 Nr. 2 BMG (Mitwirkungspflichten der meldepflichtigen Person)

Grundsatz

Wer eine Wohnung bezieht, hat sich innerhalb von zwei Wochen nach dem Einzug bei der Meldebehörde anzumelden.

Wer aus einer Wohnung auszieht und keine neue Wohnung im Inland bezieht, hat sich innerhalb von zwei Wochen nach dem Auszug bei der Meldebehörde abzumelden.

Das gilt auch für Minderjährige ab 16 Jahren. Personen zwischen dem 16. und dem 18. Lebensjahr üben die Meldepflicht ebenso persönlich aus wie Volljährige.

Personen unter 16 Jahren

Die An- oder Abmeldung für Personen unter 16 Jahren obliegt denjenigen, in deren Wohnung die Personen unter 16 Jahren einziehen oder aus deren Wohnung sie ausziehen.

Zieht die Person unter 16 Jahren in die Wohnung eines Sorgeberechtigten ein, nimmt der Sorgeberechtigte die Anmeldung vor. Auch bei gemeinsamem Sorgerecht der Eltern bedarf die Anmeldung nicht der Unterschriften beider Elternteile auf dem Meldeschein. Das gilt erst recht, wenn die Eltern getrennt leben.

Bezieht ein minderjähriges Kind unter 16 Jahren eine Wohnung einer dritten Person, wohnt aber auch noch bei einem Sorgeberechtigten, so ist die dritte Person für die Anmeldung zuständig. Das Kind hat dann bei dem Sorgeberechtigten seine Hauptwohnung und bei der dritten Person seine Nebenwohnung, § 22 Abs. 2 BMG.

Sofern das Kind die bisherige Wohnung bei den Sorgeberechtigten endgültig aufgibt und nur eine alleinige Wohnung bei einer dritten Person bewohnt, muss dieser Wohnungswechsel nachgewiesen werden, damit eine Scheinanmeldung ausgeschlossen werden kann. Zum Nachweis der Angaben des Meldepflichtigen kann die Meldebehörde nach § 25 Nr. 2 BMG die Vorlage einer Bescheinigung der Sorgeberechtigten über den erfolgten Auszug verlangen.

Neugeborene

Neugeborene Kinder wohnen in der Regel bei ihren Eltern bzw. bei ihrer Mutter. In diesem Fall besteht keine Anmeldepflicht für die Eltern, weil die Standesämter bereits die Mitteilung an die Meldebehörde nach § 17 Abs. 4 BMG veranlassen.

Nur wenn das Neugeborene in eine andere Wohnung als die der Eltern oder der Mutter aufgenommen wird, ist dies gesondert anzumelden.

Checkliste

Fallbeurteilung bei An- und Abmeldung von Minderjährigen

Amt/Meldebehörde: ______________________________

Name des Prüfers: ______________________________

Ort/Datum: ______________________________ , den ______________

Nr.	Prüffragen	Ja	Nein	Bemerkungen
1.	Ist der Minderjährige ein Neugeborenes?	☐	☐	In dem Fall hat eine Anmeldung nur zu erfolgen, wenn das Neugeborene in eine andere Wohnung als die der Eltern oder der Mutter aufgenommen wird. Das ist z. B. dann der Fall, wenn das Neugeborene unmittelbar nach der Geburt in Obhut genommen und bei einer Pflegefamilie untergebracht wird.
2.	Ist der Minderjährige älter als 16 Jahre?	☐	☐	Nur die An- oder Abmeldung für Personen unter 16 Jahren obliegt anderen. Mit Vollendung des 16. Lebensjahres üben Meldepflichtige Personen die Meldepflicht persönlich aus.
3.	Ist die Person, die die An- oder Abmeldung vornimmt, Inhaber der elterlichen Sorge?	☐	☐	Bei der Anmeldung einer minderjährigen Person bei einem gemeinsamen Sorgerecht der Eltern bedarf es auch dann nicht der Unterschriften beider Elternteile auf dem Meldeschein, wenn die Eltern getrennt leben. Das gilt erst recht, wenn sie nicht getrennt sind. Eine Unterschrift einer sorgeberechtigten Person genügt. Die Meldebehörde ist nicht verpflichtet zu prüfen, welchem Elternteil das Aufenthaltsbestimmungsrecht obliegt. Ist das Aufenthaltsbestimmungsrecht als Teil der elterlichen Sorge auf eine dritte Person, z. B. das Jugendamt, übertragen, ist die Übertragung der elterlichen Sorge durch geeignete Urkunden nachzuweisen.
4.	Ist die Person, die die An- oder Abmeldung vornimmt, unter der Adresse gemeldet, an der der Minderjährige angemeldet bzw. abgemeldet werden soll?	☐	☐	Es dürfte der Normalfall sein, dass ein Kind bei seinen Eltern, jedenfalls bei einem Elternteil, wohnt. Bezieht ein minderjähriges Kind (unter 16 Jahren) eine Wohnung einer dritten Person, wohnt aber auch noch bei den Personensorgeberechtigten, so ist die dritte Person für die Anmeldung zuständig (§ 17 Abs. 3 BMG). Bei den Personensorgeberechtigten hat das Kind dann seine Hauptwohnung und bei der dritten Person seine Nebenwohnung (§ 22 Abs. 2 BMG). Gibt das minderjährige Kind die bisherige Wohnung bei den Personensorgeberechtigten endgültig auf und bewohnt nur noch die Wohnung der dritten Person, muss dieser Wohnungswechsel nachgewiesen werden, damit eine Scheinanmeldung ausgeschlossen werden kann. Zum Nachweis der Angaben des Meldepflichtigen kann die Meldebehörde nach § 25 Nr. 2 BMG die Vorlage einer Bescheinigung der

FORUM

03/2024

Nr.	Prüffragen	Ja	Nein	Bemerkungen
				Personensorgeberechtigten (eine genügt) über den erfolgten Auszug verlangen.
5.	Ist bei getrennt lebenden Eltern zu bestimmen, welche elterliche Wohnung von dem Minderjährigen vorwiegend benutzt wird?	☐	☐	Hauptwohnung eines minderjährigen Einwohners ist die vorwiegend benutzte Wohnung der Personensorgeberechtigten. Leben diese getrennt, ist die Hauptwohnung die Wohnung des Sorgeberechtigten, die von dem minderjährigen Einwohner vorwiegend genutzt wird. Unabhängig von der vorgenommenen Anmeldung ist diese Wohnung dann von Amts wegen zur Hauptwohnung zu bestimmen (§ 22 Abs. 2 BMG).
6.	Lässt sich der Schwerpunkt der Lebensbeziehungen des Minderjährigen bestimmen, wenn sich die Hauptwohnung nicht nach objektiven Kriterien bestimmen lässt?	☐	☐	In den Fällen, in denen sich bei mehreren Wohnungen nicht feststellen lässt, welche Wohnung vorwiegend genutzt wird (z. B. im echten Wechselmodell), bestimmt sich die Hauptwohnung danach, wo der Schwerpunkt der Lebensbeziehungen des Minderjährigen liegt. Anhaltspunkte für den Schwerpunkt der Lebensbeziehungen können bei Minderjährigen z. B. die Lage der Schule, Mitgliedschaften in Vereinen, familiäre Bindungen und die Wohnorte enger Freunde sein.

Checkliste

Fallbeurteilung bei An- und Abmeldung von Minderjährigen

Amt/Meldebehörde: ______________________________

Name des Prüfers: ______________________________

Ort/Datum: ______________________________ , den ______________

Nr.	Prüffragen	Ja	Nein	Bemerkungen
1.	Ist der Minderjährige ein Neugeborenes?	☐	☐	In dem Fall hat eine Anmeldung nur zu erfolgen, wenn das Neugeborene in eine andere Wohnung als die der Eltern oder der Mutter aufgenommen wird. Das ist z. B. dann der Fall, wenn das Neugeborene unmittelbar nach der Geburt in Obhut genommen und bei einer Pflegefamilie untergebracht wird.
2.	Ist der Minderjährige älter als 16 Jahre?	☐	☐	Nur die An- oder Abmeldung für Personen unter 16 Jahren obliegt anderen. Mit Vollendung des 16. Lebensjahres üben Meldepflichtige Personen die Meldepflicht persönlich aus.
3.	Ist die Person, die die An- oder Abmeldung vornimmt, Inhaber der elterlichen Sorge?	☐	☐	Bei der Anmeldung einer minderjährigen Person bei einem gemeinsamen Sorgerecht der Eltern bedarf es auch dann nicht der Unterschriften beider Elternteile auf dem Meldeschein, wenn die Eltern getrennt leben. Das gilt erst recht, wenn sie nicht getrennt sind. Eine Unterschrift einer sorgeberechtigten Person genügt. Die Meldebehörde ist nicht verpflichtet zu prüfen, welchem Elternteil das Aufenthaltsbestimmungsrecht obliegt. Ist das Aufenthaltsbestimmungsrecht als Teil der elterlichen Sorge auf eine dritte Person, z. B. das Jugendamt, übertragen, ist die Übertragung der elterlichen Sorge durch geeignete Urkunden nachzuweisen.
4.	Ist die Person, die die An- oder Abmeldung vornimmt, unter der Adresse gemeldet, an der der Minderjährige angemeldet bzw. abgemeldet werden soll?	☐	☐	Es dürfte der Normalfall sein, dass ein Kind bei seinen Eltern, jedenfalls bei einem Elternteil, wohnt. Bezieht ein minderjähriges Kind (unter 16 Jahren) eine Wohnung einer dritten Person, wohnt aber auch noch bei den Personensorgeberechtigten, so ist die dritte Person für die Anmeldung zuständig (§ 17 Abs. 3 BMG). Bei den Personensorgeberechtigten hat das Kind dann seine Hauptwohnung und bei der dritten Person seine Nebenwohnung (§ 22 Abs. 2 BMG). Gibt das minderjährige Kind die bisherige Wohnung bei den Personensorgeberechtigten endgültig auf und bewohnt nur noch die Wohnung der dritten Person, muss dieser Wohnungswechsel nachgewiesen werden, damit eine Scheinanmeldung ausgeschlossen werden kann. Zum Nachweis der Angaben des Meldepflichtigen kann die Meldebehörde nach § 25 Nr. 2 BMG die Vorlage einer Bescheinigung der

Nr.	Prüffragen	Ja	Nein	Bemerkungen
				Personensorgeberechtigten (eine genügt) über den erfolgten Auszug verlangen.
5.	Ist bei getrennt lebenden Eltern zu bestimmen, welche elterliche Wohnung von dem Minderjährigen vorwiegend benutzt wird?	☐	☐	Hauptwohnung eines minderjährigen Einwohners ist die vorwiegend benutzte Wohnung der Personensorgeberechtigten. Leben diese getrennt, ist die Hauptwohnung die Wohnung des Sorgeberechtigten, die von dem minderjährigen Einwohner vorwiegend genutzt wird. Unabhängig von der vorgenommenen Anmeldung ist diese Wohnung dann von Amts wegen zur Hauptwohnung zu bestimmen (§ 22 Abs. 2 BMG).
6.	Lässt sich der Schwerpunkt der Lebensbeziehungen des Minderjährigen bestimmen, wenn sich die Hauptwohnung nicht nach objektiven Kriterien bestimmen lässt?	☐	☐	In den Fällen, in denen sich bei mehreren Wohnungen nicht feststellen lässt, welche Wohnung vorwiegend genutzt wird (z. B. im echten Wechselmodell), bestimmt sich die Hauptwohnung danach, wo der Schwerpunkt der Lebensbeziehungen des Minderjährigen liegt. Anhaltspunkte für den Schwerpunkt der Lebensbeziehungen können bei Minderjährigen z. B. die Lage der Schule, Mitgliedschaften in Vereinen, familiäre Bindungen und die Wohnorte enger Freunde sein.

STAATSANGEHÖRIGKEITS-RECHT

Leitfaden

Neues Staatsangehörigkeitsrecht

Was ist der Kern der Gesetzesreform?

- **Mehrstaatigkeit soll generell möglich werden:** Einbürgerungsbewerber müssen ihre bisherige Staatsangehörigkeit bei der Einbürgerung nicht mehr aufgeben.
- **Einbürgerung soll beschleunigt werden:** Statt nach acht Jahren sollen Menschen bereits nach fünf Jahren die deutsche Staatsangehörigkeit erhalten können.
- **Besondere Leistung wird belohnt:** Bei „besonderen Integrationsleistungen" ist eine Einbürgerung bereits nach drei Jahren möglich.
- **Erleichterter Ius-soli-Erwerb:** Alle in Deutschland geborenen Kinder ausländischer Eltern erwerben künftig vorbehaltlos die deutsche Staatsangehörigkeit und können die Staatsangehörigkeit ihrer Eltern behalten, wenn mindestens ein Elternteil seit mehr als fünf Jahren rechtmäßig in Deutschland lebt und ein unbefristetes Aufenthaltsrecht besitzt. Die Optionsregelung entfällt vollständig und die Voraufenthaltszeit des maßgeblichen Elternteils wird von acht auf fünf Jahre verkürzt.
- **Lebensleistung der Gastarbeitergeneration soll anerkannt werden:** Der Nachweis mündlicher Sprachkenntnisse genügt für eine Einbürgerung und es ist kein Einbürgerungstest notwendig.

Wann soll das Gesetz in Kraft treten?

Die Bundesregierung hat den Gesetzentwurf am 23.August 2023 im Kabinett beschlossen. Am 30. November 2023 wurde der Regierungsentwurf in erster Lesung in den Bundestag eingebracht und am 19. Januar 2024 in zweiter und dritter Lesung beschlossen. Danach ist der Bundesrat in einem zweiten Durchgang zu beteiligen und das Gesetz auszufertigen und zu verkünden. Die im parlamentarischen Verfahren vorgenommenen Änderungen treten dann drei Monate nach Verkündung des Gesetzes in Kraft. Mit dem Inkrafttreten ist daher voraussichtlich in der ersten Jahreshälfte 2024 zu rechnen.

Für wen gelten die Regeln für die mehrfache Staatsangehörigkeit?

Die Möglichkeit, beim Erwerb der deutschen Staatsangehörigkeit seine bisherige Staatsangehörigkeit behalten zu können, besteht nach deutschem Recht künftig uneingeschränkt für alle Einbürgerungsbewerberinnen und -bewerber. Es hängt dann ausschließlich vom Staatsangehörigkeitsrecht des Herkunftsstaates ab, ob die bisherige Staatsangehörigkeit beibehalten werden kann oder ob sie mit dem Erwerb der deutschen Staatsangehörigkeit möglicherweise verloren geht. Verbindliche Auskünfte über das Staatsangehörigkeitsrecht eines anderen Staates und die dortige Verwaltungspraxis können die zuständigen Behörden dieses Staates erteilen.

> **Hinweis:**
>
> Deutsche, die eine andere Staatsangehörigkeit erwerben, können ihre deutsche Staatsangehörigkeit ohne Weiteres behalten. Eine Beibehaltungsgenehmigung ist nicht mehr erforderlich.

Wie viele Menschen lassen sich in Deutschland jährlich einbürgern?

Im Jahr 2022 haben sich 168.545 Personen in Deutschland einbürgern lassen – das sind gerade einmal 3,1 % der ausländischen Staatsangehörigen, die seit mindestens zehn Jahren in Deutschland leben.

Können Menschen, die Sozialleistungen beziehen, trotzdem einen Anspruch auf Einbürgerung haben?

Wer die deutsche Staatsangehörigkeit erwerben möchte, muss für sich und seine Angehörigen den Lebensunterhalt grundsätzlich selbst bestreiten können.

Um einen Anspruch auf Einbürgerung zu haben, dürfen keine Leistungen nach dem Zweiten oder Zwölften Buch Sozialgesetzbuch (SGB II oder XII) bezogen werden.

Hiervon sieht der Gesetzentwurf drei Ausnahmen vor:

- ehemalige Gastarbeiter und Vertragsarbeiter sowie die zu ihnen im zeitlichen Zusammenhang nachgezogenen Ehegatten, wenn sie die Inanspruchnahme von Leistungen nach SGB II oder XII nicht zu vertreten haben
- Antragstellerinnen und Antragsteller, die in Vollzeit erwerbstätig sind und dies innerhalb der letzten 24 Monate mindestens 20 Monate waren

- Ehepartnerinnen und -partner (oder eingetragene Lebenspartnerinnen und -partner) einer in Vollzeit erwerbstätigen Person, die mit ihr und einem minderjährigen Kind in familiärer Gemeinschaft leben

Können auch Antragsteller eingebürgert werden, die strafrechtlich verurteilt worden sind?

Einbürgerungsbewerberinnen und -bewerber dürfen nicht vorbestraft sein.

Es gibt allerdings sog. „Bagatellstrafen", die einer Einbürgerung nicht entgegenstehen. Darunter fallen Strafen bis zu 90 Tagessätzen oder Freiheitsstrafen bis zu drei Monaten auf Bewährung, wenn diese nach Ablauf der Bewährungszeit erlassen wurden.

Hinweis:

Allerdings gibt es auch hier eine Ausnahme: Wurde eine zugewanderte Person wegen einer antisemitischen, rassistischen oder einer anderen menschenverachtend motivierten Tat verurteilt, kann sie nicht eingebürgert werden – unabhängig davon, wie gering die Strafe ausgefallen ist.

Welche Erleichterungen gelten für die sog. Gastarbeitergeneration?

Die Lebensleistung der sog. „Gastarbeitergeneration" und ihrer im zeitlichen Zusammenhang nachgezogenen Ehegatten soll anerkannt und ihre Einbürgerung erleichtert werden. Als Sprachnachweis soll es daher genügen, wenn sich die Person ohne nennenswerte Schwierigkeiten im Alltag auf Deutsch verständigen kann.

Die Angehörigen der Gastarbeitergeneration sollen darüber hinaus nicht mehr verpflichtet sein, einen Einbürgerungstest abzulegen. Das alles gilt auch für die sog. Vertragsarbeiter der ehemaligen DDR und deren im zeitlichen Zusammenhang nachgezogenen Ehegatten.

Werden die Einbürgerungsbehörden durch die Reform überlastet?

Das Gesetz zur Modernisierung des Staatsangehörigkeitsrechts ermöglicht es ausländischen Staatsangehörigen, früher und einfacher die deutsche Staatsangehörigkeit zu erwerben. Nach Inkrafttreten des Gesetzes ist mit einem Anstieg der Einbürgerungsanträge zu rechnen.

Hinweis:

Zuständig für den Vollzug des Staatsangehörigkeitsgesetzes sind in Deutschland die Länder. In den dortigen Staatsangehörigkeits- bzw. Einbürgerungsbehörden werden die Einbürgerungsanträge bearbeitet.

Das Bundesministerium des Innern und für Heimat hat die Länder (und die großen Einbürgerungsbehörden) frühzeitig über die Reformüberlegungen informiert, damit sie sich auf die geplanten Änderungen einstellen können, und Gelegenheit zur Beteiligung gegeben. Darüber hinaus unterstützt der Bund die Länder und Kommunen bei der Digitalisierung der Einbürgerungsverfahren.

(Quelle: https://www.bmi.bund.de/SharedDocs/faqs/DE/themen/heimat/reform-staatsangehoerigkeitsrecht/reform-staatsangehoerigkeitsrecht-liste.html, abgerufen am 04.02.2024)

Merkblatt

Speicherung ausländischer Staatsangehörigkeiten im Melderegister

Rechtsgrundlagen

§ 3 Abs. 1 Nr. 10 BMG (Speicherung derzeitiger Staatsangehörigkeiten)

Grundsatz

Zur Erfüllung der Aufgaben des Melderegisters speichern die Meldebehörden im Melderegister u. a. die aktuellen Staatsangehörigkeiten sowie die zu ihrem Nachweis erforderlichen Angaben.

Sämtliche Staatsangehörigkeiten einer meldepflichtigen Person gehören nach § 3 Abs. 1 BMG zu den im Melderegister zu speichernden Grunddaten. Bei mehreren Staatsangehörigkeiten sind daher alle einzutragen.

Hinweis:

Die zu speichernden Daten beschränken sich jedoch auf die aktuellen Staatsangehörigkeiten. Ursprünglich vorhandene, inzwischen aber aufgegebene Staatsangehörigkeiten sind daher nicht zu erfassen.

An die Staatsangehörigkeit können Übermittlungspflichten der Meldebehörden geknüpft sein. So haben die Meldebehörden aufgrund des Optionsrechts zur deutschen Staatsangehörigkeit (§§ 29, 34 StAG) das Bundesverwaltungsamt zu unterrichten, wenn Minderjährige bis zur Vollendung des 23. Lebensjahres ins Ausland gezogen oder wieder zugezogen sind.

Flüchtlinge und Asylbewerber

Auch bei Flüchtlingen und Asylbewerbern sind die aktuellen Staatsangehörigkeiten ins Melderegister einzutragen.

Die einzutragenden Staatsangehörigkeiten ergeben sich aus den vorgelegten Ausweisdokumenten oder sonstigen Hinweisen oder aus den Angaben, die die meldepflichtige Person bei der Erstaufnahme oder im Asylverfahren gemacht hat. Liegen solche Dokumente oder Hinweise nicht vor oder bestehen Zweifel an der Echtheit der Dokumente, Hinweise oder Angaben der Person, muss die Staatsangehörigkeit der Person aufgeklärt werden. Dies gilt auch, wenn die Person an der Aufklärung der Staatsangehörigkeit nicht mitwirkt.

Hinweis:

Wirkt die Person bei der Aufklärung einer Staatsangehörigkeit nicht mit oder ist die Aufklärung unzumutbar, wird unter Staatsangehörigkeit „ungeklärt" eingetragen. Die Aufklärung ist in der Regel nicht unzumutbar, da im Rahmen des Asylverfahrens eine mittelbare Prüfung stattfindet. Diese Daten können in das Melderegister übernommen werden.

Merkblatt

Erwerb und Verlust der deutschen Staatsangehörigkeit

Rechtsgrundlagen

Art. 116 GG

Staatsangehörigkeitsgesetz (StAG) vom 22. Juli 1913 (RGBl. S. 583) in der im Bundesgesetzblatt Teil III, Gliederungsnummer 102-1, veröffentlichten bereinigten Fassung, zuletzt geändert durch Art. 5 des Gesetzes zur Weiterentwicklung der Fachkräfteeinwanderung (Fachkräfteeinwanderungsförderungsgesetz – FachKrEFG) vom 16. August 2023 (BGBl. I S. 217)

Gemäß § 3 Abs. 1 StAG wird die deutsche Staatsangehörigkeit **erworben**

- durch Geburt (§ 4 StAG)
- durch Erklärung (§ 5 StAG)
- durch Annahme als Kind (§ 6 StAG)
- durch Ausstellung einer Spätaussiedlerbescheinigung nach § 15 BVFG (§ 7 StAG)
- durch Einbürgerung (§§ 8-16, 40b und 40c StAG).

Die deutsche Staatsangehörigkeit erwirbt nach § 3 Abs. 2 StAG von Anfang an auch, wer seit zwölf Jahren von deutschen Stellen als Deutscher behandelt worden ist, wenn er dies (also den Fehler, den die deutschen Behörden gemacht haben) nicht zu vertreten (insbesondere nicht durch falsche Angaben provoziert) hat. Das gilt dann auch für seine Abkömmlinge.

Gemäß § 17 StAG geht die deutsche Staatsangehörigkeit **verloren**

- durch Entlassung (§§ 18-24 StAG)
- durch den Erwerb einer ausländischen Staatsangehörigkeit (§ 25 StAG)
- durch Verzicht (§ 26 StAG)
- durch Annahme als Kind durch einen Ausländer (§ 27 StAG)
- durch Eintritt in die Streitkräfte oder einen vergleichbaren bewaffneten Verband eines ausländischen Staates oder durch konkrete Beteiligung an Kampfhandlungen einer terroristischen Vereinigung im Ausland (§ 28 StAG)
- durch Erklärung (§ 29 StAG)
- durch Rücknahme eines rechtswidrigen Verwaltungsaktes (§ 35 StAG)

Grundsatz

Deutscher im Sinne des Grundgesetzes ist, wer die deutsche Staatsangehörigkeit besitzt.

Erwerb der deutschen Staatsangehörigkeit

Durch Geburt (§ 4 StAG)

Durch die Geburt erwirbt ein Kind die deutsche Staatsangehörigkeit, wenn ein Elternteil die deutsche Staatsangehörigkeit besitzt. Muss dazu zunächst die Vaterschaft festgestellt werden, muss dies in einer Art und Weise geschehen, die deutschem Recht entspricht. Eine ausländische Vaterschaftsanerkennung muss also nach deutschem Recht anerkennungsfähig sein. Bei der Geburt eines Kindes einer Mutter mit deutscher Staatsangehörigkeit können solche Zweifel nicht bestehen.

Ein Findelkind gilt so lange als Kind eines Deutschen, bis bewiesen und festgestellt ist, dass es von einem ausländischen Paar abstammt. Umgekehrt formuliert: Es wird angenommen, dass wenigstens ein Elternteil deutscher Staatsangehöriger ist.

Ein im Inland geborenes Kind ausländischer Eltern erwirbt die deutsche Staatsangehörigkeit, wenn wenigstens ein Elternteil seit wenigstens acht Jahren rechtmäßig seinen gewöhnlichen Aufenthalt im Inland hat und ein unbefristetes Aufenthaltsrecht (oder als Staatsbürger der Schweiz eine Aufenthaltserlaubnis) besitzt.

Ein im Ausland geborenes Kind erwirbt die deutsche Staatsangehörigkeit durch Geburt nicht, wenn der deutsche Elternteil nach dem 31. Dezember 1999 im Ausland geboren wurde und dort seinen gewöhnlichen Aufenthalt hat. Das gilt nur dann nicht, wenn das Kind sonst staatenlos würde.

Ein im Ausland geborenes Kind erwirbt die deutsche Staatsangehörigkeit trotzdem, wenn es ein Abkömmling eines deutschen Staatsangehörigen ist, der die deutsche Staatsangehörigkeit nach Art. 116 Abs. 2 des Grundgesetzes oder nach § 15 StAG erworben hat oder wenn das Kind ein Abkömmling eines deutschen Staatsangehörigen ist, wenn dieser ohne den Erwerb der deutschen Staatsangehörigkeit einen Anspruch nach Art. 116 Abs. 2 des Grundgesetzes oder nach § 15 StAG gehabt hätte.

Gemeint sind damit frühere deutsche Staatsangehörige, denen zwischen dem 30. Januar 1933 und dem 8. Mai 1945 die Staatsangehörigkeit aus politischen, rassischen oder religiösen Gründen entzogen worden ist.

Durch Erklärung (§ 5 StAG)

Durch die Erklärung, deutsche Staatsangehörige werden zu wollen, erwerben Kinder, die nach der bisherigen Rechtslage nicht die deutsche Staatsangehörigkeit erworben haben, dies nach der aktuellen Rechtslage aber könnten, die deutsche Staatsangehörigkeit.

Betroffen sind hier Fälle, in denen Kinder eines deutschen Elternteils die deutsche Staatsangehörigkeit aus rechtlichen Gründen (noch) nicht durch Geburt erworben haben.

Die Norm zielt jedoch insbesondere auf die Fälle ab, in denen die ursprünglich deutsche Mutter durch die Eheschließung mit einem Ausländer die deutsche Staatsangehörigkeit verloren hat oder in denen der ausländische Vater durch eine nach den deutschen Gesetzen wirksame Legitimation nach ausländischem Recht dafür gesorgt hat, dass das Kind seine durch Geburt erworbene deutsche Staatsangehörigkeit wieder verloren hat.

Der Sinn dahinter ist, dem Kind selbst oder seiner (ehemals) deutschen Mutter die Möglichkeit zu geben, die deutsche Staatsangehörigkeit zu verschaffen, auch und gerade, um diesem Kind den Schutz der deutschen Staatsangehörigkeit auch im Ausland zuteilwerden zu lassen oder eine Rückkehr in die Bundesrepublik Deutschland zu vereinfachen.

Deshalb steht diese Möglichkeit solchen Kindern nicht zur Verfügung, die selbst durch eine Erklärung dafür gesorgt haben, dass sie die deutsche Staatsangehörigkeit nicht erworben bzw. verloren haben.

Der Gesetzgeber hat für die Bereinigung dieser Rechtsverhältnisse eine Frist von zehn Jahren vorgesehen, die am 19. August 2031 ablaufen wird.

Durch Annahme als Kind (§ 6 StAG)

Mit der nach den deutschen Gesetzen wirksamen Annahme als Kind (Adoption) durch einen Deutschen erwirbt das Kind, das im Zeitpunkt des Annahmeantrags das 18. Lebensjahr noch nicht vollendet hat, die deutsche Staatsangehörigkeit. Hier kommt es also auf den Zeitpunkt des Adoptionsantrages an, nicht auf die Bearbeitungsdauer durch das Jugendamt und das Familiengericht.

Erfolgt die Adoption nach ausländischem Recht, ist entscheidend, ob diese Adoption dem deutschen Recht entspricht, ob insbesondere das Eltern-Kind-Verhältnis des Kindes zu seinen bisherigen Eltern durch die Annahme vollständig erloschen ist.

Durch Ausstellung einer Spätaussiedlerbescheinigung nach § 15 BVFG (§ 7 StAG)

Spätaussiedler und die in den Aufnahmebescheid einbezogenen Familienangehörigen erwerben mit der Ausstellung der Bescheinigung nach § 15 Abs. 1 oder Abs. 2 des Bundesvertriebenengesetzes die deutsche Staatsangehörigkeit.

Durch Einbürgerung (§§ 8-16, 40b und 40c StAG)

Den Erwerb der Staatsangehörigkeit durch Einbürgerung gibt es im Grunde genommen in zwei Varianten. Es gibt die Variante des Anspruchs und die Variante der Ermessensentscheidung. Außerdem ist in dem betroffenen Abschnitt des Staatsangehörigkeitsgesetzes geregelt, wann eine Einbürgerung auf gar keinen Fall in Betracht kommt. Zudem sind für besonders gelagerte Fälle Ausnahmen von den an sich strengen Voraussetzungen vorgesehen.

Anspruch auf Einbürgerung

Zusammenfassend kann man sagen, dass ein Ausländer einen Anspruch auf Einbürgerung hat, wenn er seit acht Jahren rechtmäßig seinen gewöhnlichen Aufenthalt im Inland hat, seine Identität und Staatsangehörigkeit geklärt sind und er weitere Voraussetzungen, die im § 10 StAG genannt sind, erfüllt.

Die wichtigste Voraussetzung dabei dürfte sein, dass er sich aktiv zur freiheitlichen demokratischen Grundordnung des Grundgesetzes und für die Bundesrepublik Deutschland bekennt und eine Erklärung abgibt, dass er keine Bestrebungen verfolgt, oder unterstützt bzw. verfolgt oder unterstützt hat, die gegen die freiheitliche demokratische Grundordnung, den Bestand oder die Sicherheit des Bundes oder eines Landes gerichtet sind oder eine ungesetzliche Beeinträchtigung der Amtsführung der Verfassungsorgane des Bundes oder eines Landes oder ihrer Mitglieder zum Ziele haben oder durch Anwendung von Gewalt oder darauf gerichtete Vorbereitungshandlungen auswärtige Belange der Bundesrepublik Deutschland gefährden.

Eine weitere wichtige Voraussetzung ist, dass der Ausländer, der die Einbürgerung beantragt, nicht vorbestraft ist. Als Vorstrafen gelten nur solche, die auch im Führungszeugnis eingetragen sind. Außer Betracht bleiben daher Erziehungsmaßregeln und Zuchtmittel nach dem Jugendgerichtsgesetz, Geldstrafen bis zu 90 Tagessätzen und Verurteilungen zu Freiheitsstrafen bis zu drei Monaten, die zur Bewährung ausgesetzt und nach Ablauf der Bewährungszeit erlassen worden ist. Eine Rückausnahme gibt es wiederum für den Fall, dass man wegen rassistischer oder antisemitischer Straftaten oder wegen einer Betätigung gegen die freiheitliche demokratische Grundordnung verurteilt worden ist.

Ebenso von großer Bedeutung ist das Prinzip, dass er seine bisherige Staatsangehörigkeit aufgeben oder aufgrund der Vorschriften seines Herkunftslandes verlieren muss.

FORUM

Schließlich muss der Lebensunterhalt gesichert sein für ihn selbst und seine Familie und er muss über ausreichende Kenntnisse der deutschen Sprache und über die Bundesrepublik Deutschland, die in Integrationskursen vermittelt werden, verfügen.

Liegen diese Voraussetzungen vor, hat er für sich und auch für seine Familie einen Anspruch auf Einbürgerung.

Ermessenseinbürgerung

Einen Anspruch auf eine **ermessensfehlerfreie Entscheidung** über seinen Antrag auf Eingliederung hatte Ausländer immerhin, wenn die strengen Voraussetzungen nach § 10 StAG zwar nicht erfüllt sind, der Ausländer aber rechtmäßig seinen gewöhnlichen Aufenthalt im Inland hat, seine Identität und Staatsangehörigkeit geklärt sind, er nicht vorbestraft ist, eine Wohnung hat, sich und seine Angehörigen ernähren kann und seiner Einordnung in die deutschen Lebensverhältnisse gewährleistet ist.

Aus Gründen des öffentlichen Interesses kann ausnahmsweise von einzelnen der vorstehenden Voraussetzungen abgewichen werden.

Ehegatten Deutscher

Ehegatten oder eingetragenen Lebenspartner Deutscher, die die vorgenannten Voraussetzungen eigentlich nicht erfüllen, sollen unter den Voraussetzungen des § 10 Abs. 1 StAG (Rechtsanspruch auf Einbürgerung) bereits nach drei Jahren eingebürgert werden, wenn sie zum Zeitpunkt der Entscheidung über ihren Einbürgerungsantrag ihren rechtmäßigen gewöhnlichen Aufenthalt bereits seit drei Jahren im Inland haben und die Ehe oder eingetragenen Lebenspartnerschafts seit zwei Jahren besteht. Der Gesetzgeber hat die ein Prinzip aufgestellt, von dem nur ausnahmsweise und mit einer sehr sorgfältigen Begründung abgewichen werden darf.

Einbürgerungserleichterungen

Eine Ausnahme von dem Grundsatz, dass der einbürgerungswillige Ausländer seine bisherige Staatsangehörigkeit aufgeben oder verlieren muss, wird nach § 12 Abs. 1 StAG – ohne Ermessen! – gemacht, wenn der Ausländer seine bisherige Staatsangehörigkeit nicht oder nur unter besonders schwierigen Bedingungen aufgeben kann. So gibt es Staaten, die ihre Staatsbürger unter gar keinen Umständen aus der Staatsangehörigkeit entlassen oder wo im Land verbliebene Familienangehörige mit erheblichen Repressalien rechnen müssen. In § 12 Abs. 1 Satz 2 StAG sind die Fälle aufgezählt, bei denen ohne eine weitere Prüfung des Einzelfalls die Bedingung nach § 12 Abs. 1 Satz 1 StAG angenommen werden muss (ohne eigenen Beurteilungsspielraum der Behörde).

Auch sog. EU-Ausländer und Schweizer dürfen nach § 12 Abs. 2 StAG ihre bisherige Staatsangehörigkeit behalten.

Weitere Ausnahmen von der Voraussetzung, die bisherige Staatsangehörigkeit aufgeben zu müssen, können nach Maßgabe völkerrechtlicher Verträge vorgesehen werden.

Einbürgerung ist ausgeschlossen

Die Einbürgerung ist ausgeschlossen, wenn sich der Ausländer gegen die freiheitliche demokratische Grundordnung, den Bestand oder die Sicherheit des Bundes oder eines Landes betätigt hat oder solche Betätigungen unterstützt hat oder wer durch die Anwendung von Gewalt oder darauf gerichtete Vorbereitungshandlungen auswärtige Belange der Bundesrepublik Deutschland gefährdet. Dieser letzte Punkt zielt auf die Beteiligung an terroristischen Umtrieben auch im Ausland.

Verlust der deutschen Staatsangehörigkeit

Durch Entlassung (§§ 18-24 StAG)

Natürlich kann in einem freiheitlichen Staat niemand gezwungen werden, die deutsche Staatsangehörigkeit behalten zu müssen. Und dennoch gilt grundsätzlich das Prinzip, dass kein deutscher Staatsbürger durch den Verlust der deutschen Staatsangehörigkeit staatenlos werden darf. Der Hintergrund hierfür sind die Erfahrungen aus dem sog. Dritten Reich, in dem bestimmten Bevölkerungsgruppen gezielt der durch eine Staatsangehörigkeit vermittelte Schutz vor Diskriminierung und Verfolgung oder auf humanitäre Hilfe genommen wurde.

Deshalb wird ein Deutscher erst auf seinen Antrag aus der deutschen Staatsangehörigkeit entlassen, wenn er den Erwerb einer ausländischen Staatsangehörigkeit beantragt und ihm die zuständige Stelle die Verleihung zugesichert hat. Liegen diese Voraussetzungen vor, steht der Behörde kein Ermessen zu.

Die durch Aushändigung einer Entlassungsurkunde bewirkte Entlassung aus der Staatsangehörigkeit gilt dennoch als nicht erfolgt, wenn der Entlassene die ihm zugesicherte ausländische Staatsangehörigkeit nicht innerhalb eines Jahres nach der Aushändigung der Entlassungsurkunde erworben hat. So wird sichergestellt, dass ein deutscher Staatsangehöriger nicht staatenlos werden kann.

Die Entlassung darf nicht erteilt werden bei Bediensteten, die in einem öffentlich-rechtlichen Dienst- oder Amtsverhältnis stehen, solange ihr Dienst- oder Amtsverhältnis nicht beendet ist, und bei Wehrpflichtigen.

Durch den Erwerb einer ausländischen Staatsangehörigkeit (§ 25 StAG)

Die deutsche Staatsangehörigkeit verliert kraft Gesetzes, ohne dass es eines Verwaltungsaktes bedürfte, ein Deutscher mit dem Erwerb einer ausländischen Staatsangehörigkeit. Das gilt jedoch nur, wenn der Erwerb der ausländischen Staatsangehörigkeit auf seinem Antrag oder auf dem Antrag eines gesetzlichen Vertreters beruht, also nicht, wenn er zwangsweise in einem ausländischen Staat eingebürgert wird.

Der Erwerb einer ausländischen Staatsangehörigkeit führt auch dann nicht zum Verlust der deutschen Staatsangehörigkeit, wenn der Deutsche vor dem Erwerb der ausländischen Staatsangehörigkeit auf seinen Antrag eine schriftliche Genehmigung der zuständigen Behörde zur Beibehaltung seiner Staatsangehörigkeit erhalten hat.

Durch Verzicht (§ 26 StAG)

Ein Deutscher, der auch eine zweite Staatsangehörigkeit hat, kann durch schriftliche Erklärung auf seine deutsche Staatsangehörigkeit verzichten. Die Verzichtserklärung muss durch die zuständige Behörde genehmigt werden. Die Genehmigung ist zu versagen, wenn der Verzichtende in einem noch bestehenden öffentlich-rechtlichen Dienst- oder Amtsverhältnis steht oder Wehrpflichtiger ist. Das wiederum gilt nicht, wenn der Verzichtende seit mindestens zehn Jahren seinen dauernden Aufenthalt im Ausland hat oder als Wehrpflichtiger in einem anderen Staat, in dem er Staatsbürger ist, Wehrdienst geleistet hat.

Durch Annahme als Kind durch einen Ausländer (§ 27 StAG)

Ein minderjähriger Deutscher verliert mit der nach den deutschen Gesetzen wirksame Annahme als Kind durch einen Ausländer die deutsche Staatsangehörigkeit, wenn er dadurch die Staatsangehörigkeit des Annehmenden erwirbt.

Durch Eintritt in die Streitkräfte oder einen vergleichbaren bewaffneten Verband eines ausländischen Staates oder durch konkrete Beteiligung an Kampfhandlungen einer terroristischen Vereinigung im Ausland (§ 28 StAG)

Die Bundesrepublik Deutschland versteht sich als ein freiheitlicher demokratischer Staat, der auf dem Fundament unveräußerliche Grundrechte, die den Menschen an sich oder deutschen Staatsangehörigen zustehen, aufgebaut ist. Letztlich ist auch jeder Deutsche auf diese Werte, wie sie im Grundgesetz Ausdruck gefunden haben, verpflichtet, indem Art. 20 Abs. 4 GG allen Deutschen das Recht zum Widerstand gegen jeden, der es unternimmt, die verfassungsmäßige Ordnung der Bundesrepublik Deutschland zu beseitigen, zubilligt. Die Bundeswehr hat nach Art. 87a GG die Aufgabe, diese Ordnung gegen Bedrohungen von außen zu verteidigen.

Aus diesem Verständnis heraus ist es für den deutschen Staat nicht hinnehmbar, wenn ein Deutscher in die Streitkräfte oder vergleichbare bewaffneten Verbände eines anderen Staates, bei dem nicht garantiert ist, dass er die Werte und Prinzipien der Bundesrepublik Deutschland teilt, eintritt oder sich gar an Kampfhandlungen einer terroristischen Vereinigung im Ausland konkret beteiligt. Aus diesem Grund verliert ein Deutscher, der sich zum Dienst in fremden Streitkräften verpflichtet oder sich einer terroristischen Vereinigung anschließt, kraft Gesetzes die deutsche Staatsangehörigkeit. Der Verlust der Staatsangehörigkeit ist dann nur noch deklaratorisch festzustellen.

Allerdings steht auch dieser Verlust der deutschen Staatsangehörigkeit kraft Gesetzes unter dem einschränkenden Vorbehalt, dass der Deutsche dadurch nicht staatenlos werden darf.

Außerdem ist die Verpflichtung in fremden Streitkräften oder vergleichbaren bewaffneten Verbänden ausnahmsweise dann gestattet und führt nicht zum Verlust der deutschen Staatsangehörigkeit, wenn derjenige, der sich dort verpflichtet, zuvor dazu die Zustimmung des Bundesministeriums der Verteidigung oder der von ihm bezeichneten Stelle eingeholt hat. Auf diese Weise bleibt Doppelstaatlern die Möglichkeit erhalten, sich auch für den freiwilligen Dienst in dem anderen Staat, dessen Staatsangehörigkeit sie besitzen, zu entscheiden. Das dürfte jedenfalls dann nicht auf Bedenken seitens des Bundesministeriums der Verteidigung stoßen, wenn es sich um die Streitkräfte eines NATO-Partners, eines EU-Mitgliedstaates oder eines mit der NATO assoziierten Staates handelt, bei dem jedenfalls formal davon ausgegangen werden darf, dass zumindest grundlegende rechtsstaatliche und demokratische Prinzipien geteilt werden.

Nicht von dieser Norm erfasst sind Wehrpflichtige, die gerade nicht aufgrund freiwilliger Verpflichtung, sondern in Erfüllung einer ihnen gesetzlich auferlegten Pflicht Dienst in den Streitkräften eines ausländischen Staates leisten.

Durch Erklärung (§ 29 StAG)

Deutsche, die als Kind ausländischer Eltern neben der Staatsangehörigkeit der Eltern auch die deutsche Staatsangehörigkeit durch Geburt (§ 4 Abs. 3 und § 40b StAG) erworben haben, gleichwohl aber keinen Bezug zur Bundesrepublik Deutschland haben, weil sie nicht hier aufgewachsen sind, müssen sich nach Vollendung des 21. Lebensjahres entscheiden, welche Staatsangehörigkeit sie bevorzugen und behalten möchten (Optionspflicht). Das gilt, wenn die zweite Staatsangehörigkeit zu einem Staat außerhalb der EU einschließlich der Schweiz besteht.

Erklärt der Deutsche, dass er die ausländische Staatsangehörigkeit behalten will, so geht die deutsche Staatsangehörigkeit mit dem Zugang dieser schriftlich zu erklärenden Erklärung bei der zuständigen Behörde verloren.

Will der Deutsche die deutsche Staatsangehörigkeit behalten, so muss er die ausländische Staatsangehörigkeit aufgeben und dies nachweisen. Erbringt er diesen Nachweis nicht innerhalb von zwei Jahren nach Zustellung des Hinweises auf die Erklärungspflicht, so geht die deutsche Staatsangehörigkeit kraft Gesetzes verloren. Das gilt ausnahmsweise nur dann nicht, wenn er vorher eine schriftliche Genehmigung der zuständigen Behörde zur Beibehaltung der deutschen Staatsangehörigkeit erhalten hat (Beibehaltungsgenehmigung). Diese Beibehaltungsgenehmigung ist (kein Ermessen!) zu erteilen, wenn die Aufgabe oder der Verlust der ausländischen Staatsangehörigkeit nicht möglich oder nicht zumutbar ist oder wenn bei der Einbürgerung nach Maßgabe des § 12 StAG Mehrstaatigkeit ohnehin hinzunehmen wäre.

Der Fortbestand oder Verlust der deutschen Staatsangehörigkeit wird von Amts wegen festgestellt.

Durch Rücknahme eines rechtswidrigen Verwaltungsaktes (§ 35 StAG)

Und natürlich braucht es der deutsche Staat nicht hinzunehmen, wenn jemand die deutsche Staatsangehörigkeit in von ihm zu vertretender Weise zu Unrecht erhalten hat. Eine solchermaßen rechtswidrige Einbürgerung oder eine rechtswidrige Genehmigung zur Beibehaltung der deutschen Staatsangehörigkeit kann zurückgenommen werden. Da der Betroffene nie rechtmäßig Deutscher war, muss er auch nicht davor geschützt werden, staatenlos zu werden. Dieser Schutz kommt nur (rechtmäßigen) Deutschen zu.

Allerdings ist aus rechtsstaatlichen Gründen Voraussetzung für die Rücknahme dann doch, dass der Verwaltungsakt, durch den die betroffene Person Deutscher geworden ist, durch arglistige Täuschung, Drohung oder Bestechung oder durch vorsätzlich unrichtige oder unvollständige Angaben erwirkt worden ist, die für den Erlass des Verwaltungsaktes wesentlich gewesen sind.

Die Rücknahme erfolgt für die Vergangenheit (ex tunc), sodass die betroffene Person rechtlich nie Deutscher war.

FORUM

BESONDERE MELDEPFLICHTEN

Leitfaden

Besondere Meldepflichten

Rechtsgrundlagen

§ 17 BMG (Anmeldung, Abmeldung)

§ 20 BMG (Begriff der Wohnung)

§ 28 BMG (Besondere Meldepflichten für Binnenschiffer und Seeleute)

§ 29 BMG (Besondere Meldepflicht in Beherbergungsstätten)

§ 32 BMG (Besondere Meldepflicht in Krankenhäusern, Heimen und ähnlichen Einrichtungen)

Grundsatz der allgemeinen Meldepflicht

§ 17 BMG enthält den melderechtlichen Grundsatz der allgemeinen Meldepflicht. Danach hat sich derjenige, der eine Wohnung bezieht, innerhalb von zwei Wochen nach dem Einzug bei der Meldebehörde anzumelden.

Eine Abmeldung bei Auszug aus der Wohnung ist nur vorgesehen, wenn der Meldepflichtige keine neue Wohnung im Inland bezieht. Auch hier gilt eine Zwei-Wochen-Frist.

Was melderechtlich unter dem Begriff der Wohnung zu verstehen ist, ist in § 20 BMG definiert. Es ist jeder umschlossene Raum, der zum Wohnen oder Schlafen benutzt wird. Dieser Begriff erfasst auch Kammern auf Schiffen, Hotel- oder Pensionszimmer, Monteurzimmer, Krankenhauszimmer, Zimmer in Pflege- oder Altenheimen, Obdachlosenunterkünfte, Gemeinschaftsunterkünfte, Baracken, Gartenhäuser, dauerhaft aufgestellte Campingwagen und Zelte, um nur einige zu nennen. Der Begriff ist umfassend zu verstehen und umfasst grundsätzlich auch Behausungen, die mobil sind oder beabsichtigt nur vorübergehend genutzt werden sollen.

In diesen letztgenannten Fällen stellt sich die Frage, ob eine Anmeldung überhaupt erfolgen muss (oder ob sie wegen der Kürze der Nutzung unterbleiben kann) und wo diese Anmeldung zu erfolgen hat.

Binnenschiffer und Seeleute

So stellt sich bei Binnenschiffern und Seeleuten v. a. die Frage nach der örtlichen Zuständigkeit der Meldebehörden. Binnen- wie auch Seeschiffe sind dadurch gekennzeichnet, dass sie regelmäßig ihren Ort verändern und dass Menschen auf ihnen wohnen oder schlafen können.

Binnenschiffer

§ 28 Abs. 1 BMG beantwortet diese Frage für Binnenschiffer. Danach ist die Meldebehörde örtlich zuständig, in deren Bezirk der Heimathafen des Binnenschiffs liegt.

Voraussetzung ist, dass das Binnenschiff, auf dem der Binnenschiffer wohnt oder schläft, in einem Schiffsregister im Inland eingetragen ist.

Grundsätzlich gilt hier, dass der meldepflichtige Binnenschiffer seine Anmeldung den Vorgaben aus § 23 BMG entsprechend selbst vorzunehmen und die Mitwirkungspflichten aus § 25 BMG zu beachten hat. Allerdings können An- und Abmeldung in Abweichung von dem Grundsatz, dass An- und Abmeldungen nur bei der örtlich zuständigen Meldebehörde erfolgen können, auch bei einer anderen Meldebehörde oder sogar bei der Wasserschutzpolizei vorgenommen werden. Diese sachlich und örtlich eigentlich unzuständigen Behörden leiten die Meldedaten dann an die örtlich zuständige Meldebehörde weiter.

Seeleute

Für Seeschiffe regelt § 28 Abs. 2 BMG, dass die Meldebehörde örtlich zuständig ist, in deren Bezirk der Reeder seinen Sitz hat.

Hier ist der Anwendungsbereich der Norm erst eröffnet, wenn es sich um ein Seeschiff handelt, das berechtigt ist, die Bundesflagge zu führen. Dieses Recht haben nach § 1 des Gesetzes über das Flaggenrecht der Seeschiffe und die Flaggenführung der Binnenschiffe (FlaggenRG) vom 26. Oktober 1994 alle Kauffahrteischiffe und sonstigen zur Seefahrt bestimmten Schiffe (Seeschiffe), deren Eigentümer Deutsche sind und ihren Wohnsitz im Geltungsbereich des Grundgesetzes haben. Reedereien, die in Form einer Gesellschaft betrieben werden und die ihren Sitz in der Bundesrepublik Deutschland haben, gelten als solche Eigentümer.

Die Meldepflicht trifft bei Seeschiffen den Reeder. Der Reeder hat bei Beginn des Anstellungs-, Heuer- oder Ausbildungsverhältnisses den Kapitän und die Besatzungsmitglieder des Seeschiffes bei der Meldebehörde anzumelden. Den Reeder trifft auch die Pflicht, Kapitän und Besatzungsmitglieder bei Beendigung des Anstellungs-, Heuer- oder Ausbildungsverhältnisses wieder abzumelden.

Anders als bei Binnenschiffern ist die Erfüllung der Meldepflicht bei einer anderen, örtlich nicht zuständigen Meldebehörde oder bei der Wasserschutzpolizei nicht möglich.

Ausnahme

Diese Meldepflichten gelten jedoch nur für Binnenschiffer und Besatzungsmitglieder von Seeschiffen, die nicht schon nach § 17 Abs. 1 BMG für eine Wohnung im Inland gemeldet sind.

Haben diese Personen einen (festen) inländischen Wohnsitz, ist es nicht nötig, nachzuvollziehen, auf welchem Binnen- oder Seeschiff sie unterwegs sind. Die Zwecke, die mit dem Melderegister verfolgt werden, können allein durch die Kenntnis der (festen) Wohnung erfüllt werden.

Beherbergungsstätten

Für Beherbergungsstätten sieht § 29 BMG besondere Meldepflichten vor.

Begriff der Beherbergungsstätte

Eine Beherbergungsstätte ist nach § 29 Abs. 1 BMG eine Einrichtung, die der gewerbs- oder geschäftsmäßigen Aufnahme von Personen dient. Kennzeichnend für die Beherbergungsstätte ist also, dass in ihr Personen aufgenommen werden, die dort eigentlich nicht wohnen oder schlafen, und dass diese Aufnahme von Personen mit Gewinnerzielungsabsicht oder in größerem Umfang, der eine gewisse administrative Einrichtung erfordert, erfolgt. Auch dieser Begriff ist eher weit auszulegen, dass er neben Hotels und Pensionen auch Campingplätze, Jugendherbergen, Boardinghouses, Gästezimmer, Kurkliniken und sogar Ferienwohnungen umfasst. Diese Aufzählung ist natürlich nicht abschließend.

Der Landesgesetzgeber kann im Wege der Rechtsverordnung (z. B. Beherbergungsstättenverordnung) insofern Ausnahmen zulassen, als er bestimmte Beherbergungsstätten im Sinne des § 29 Abs. 1 BMG als Nicht-Beherbergungsstätten definiert (in Schleswig-Holstein z. B. Ferienwohnungen).

Aufenthalt von mehr als sechs bzw. drei Monaten

Inländer, also Personen, die mit einem inländischen Wohnsitz angemeldet sind, sind bei der Nutzung einer Beherbergungsstätte für sechs Monate von der Meldepflicht nach § 17 bzw. § 28 BMG befreit. Bleiben sie länger als sechs Monate in der Beherbergungsstätte, haben sich diese Personen unverzüglich bei der für die Beherbergungsstätte zuständigen Meldebehörde anzumelden.

Melderechtliche Ausländer, also Personen, die nicht mit einem inländischen Wohnsitz angemeldet sind, sind bereits nach einem Aufenthalt von mehr als drei Monaten in der Beherbergungsstätte verpflichtet, sich innerhalb von zwei Wochen (ab Überschreiten der Drei-Monats-Frist) bei der Meldebehörde anzumelden.

Das gilt nach § 29 Abs. 4 BMG nicht für Camper und Sportschiffer, die im Inland gemeldet sind.

Krankenhäuser, Heime und ähnliche Einrichtungen

Eine Abweichung von der allgemeinen Meldepflicht besteht auch für Personen, die in Krankenhäusern, Pflegeheimen oder sonstigen Einrichtungen, die der Betreuung pflegebedürftiger oder behinderter Menschen oder der Heimerziehung dienen, aufgenommen werden oder dort einziehen, § 32 Abs. 1 BMG. Diese Personen müssen sich nicht anmelden, solange sie für eine Wohnung im Inland gemeldet sind. Auch hier reicht es zur Erfüllung des Zwecks des Melderechts aus, den gemeldeten Wohnsitz der Person zu kennen.

Jedoch gilt es auch hier, dass eine Person, die nicht für eine Wohnung im Inland gemeldet ist, sich innerhalb von zwei Wochen anzumelden hat, sobald ihr Aufenthalt die Dauer von drei Monaten überschreitet.

Das Gesetz macht zudem in § 32 Abs. 1 Satz 3 BMG eine Ausnahme vom Prinzip, dass jede meldepflichtige Person sich persönlich anzumelden hat. Für Personen, die ihrer Meldepflicht nicht persönlich nachkommen können, sei es aus geistigen oder aus körperlichen Gründen, haben dies die Leiter der jeweiligen Einrichtung zu erledigen.

FORUM

Checkliste

Besondere Meldepflichten

Amt/Meldebehörde:	______________________________
Name des Prüfers:	______________________________
Ort/Datum:	______________________ , den ____________

1. Könnte eine besondere Meldepflicht vorliegen?

Nr.	Prüffragen	Ja	Nein	Bemerkungen
1.	Ist der Meldepflichtige Binnenschiffer oder Seemann?	☐	☐	
2.	Wohnt der Meldepflichtige in einer Beherbergungsstätte?	☐	☐	
3.	Wohnt der Meldepflichtige in einem Krankenhaus, Heim oder einer ähnlichen Einrichtung?	☐	☐	

2. Binnenschiffer

Nr.	Prüffragen	Ja	Nein	Bemerkungen
1.	**Ist der Meldepflichtige Binnenschiffer?**	☐	☐	
2.	**Ist der Meldepflichtige bereits mit einem inländischen Wohnsitz gemeldet?** Wenn ja, ist die Prüfung hier zu Ende.	☐	☐	
3.	**Ist das Binnenschiff in einem inländischen Schiffsregister eingetragen?** Wenn nicht, ist die Prüfung hier zu Ende.	☐	☐	
4.	**Liegt der Heimathafen des Binnenschiffes im Zuständigkeitsbereich der Meldebehörde?** Wenn nicht, ist die Prüfung hier zu Ende.	☐	☐	
5.	**Ist die An- bzw. Abmeldung bereits bei einer anderen Meldebehörde oder der Wasserschutzpolizei erfolgt?** Wenn ja, ist die Prüfung hier zu Ende.	☐	☐	

3. Seeleute

Nr.	Prüffragen	Ja	Nein	Bemerkungen
1.	**Ist der Meldepflichtige Seemann?**	☐	☐	
2.	**Ist der Meldepflichtige bereits mit einem inländischen Wohnsitz gemeldet?** Wenn ja, ist die Prüfung hier zu Ende.	☐	☐	
3.	**Ist sein Seeschiff berechtigt, die Bundesflagge zu führen?** Wenn nicht, ist die Prüfung hier zu Ende.	☐	☐	
4.	**Hat die Reederei ihren Sitz im Zuständigkeitsbereich der Meldebehörde?** Wenn nicht, ist die Prüfung hier zu Ende.	☐	☐	
5.	**Hat der Reeder den Beginn oder das Ende des Anstellungs-, Heuer- oder Ausbildungsverhältnisses gemeldet?** Wenn ja, ist die Prüfung hier zu Ende.	☐	☐	

4. Beherbergungsstätten

Nr.	Prüffragen	Ja	Nein	Bemerkungen
1.	**Wohnt der Meldepflichtige in einer Beherbergungsstätte?**	☐	☐	
2.	**Ist der Meldepflichtige Inländer?** Wer mit einem inländischen Wohnsitz angemeldet ist, ist bei Nutzung einer Beherbergungsstätte zunächst von der Meldepflicht befreit.	☐	☐	
3.	**Wohnt der inländische Meldepflichtige bereits mehr als sechs Monate in der Beherbergungsstätte?** Erst wenn der Meldepflichtige länger als sechs Monate in der Beherbergungsstätte wohnt, hat er sich innerhalb von zwei Wochen anzumelden.	☐	☐	
4.	**Ist der Meldepflichtige melderechtlicher Ausländer?** Wer nicht mit einem inländischen Wohnsitz angemeldet ist, ist auch zunächst von der Meldepflicht befreit.	☐	☐	
5.	**Wohnt der ausländische Meldepflichtige bereits mehr als drei Monate in der Beherbergungsstätte?** Erst wenn der Meldepflichtige länger als drei Monate in der Beherbergungsstätte wohnt, hat er sich innerhalb von zwei Wochen anzumelden.	☐	☐	

5. Krankenhäuser, Heime und sonstige Einrichtungen

Nr.	Prüffragen	Ja	Nein	Bemerkungen
1.	**Hält sich der Meldepflichtige in einem Krankenhaus, einem Pflegeheim oder einer sonstigen Einrichtung, die der Betreuung pflegebedürftiger oder behinderter Menschen oder der Heimerziehung dient, auf?**	☐	☐	
2.	**Ist der Meldepflichtige mit einer Wohnung im Inland angemedet?** Wenn ja, ist die Prüfung hier zu Ende.	☐	☐	
3.	**Hält sich der Meldepflichtige, der keinen inländischen, gemeldeten Wohnsitz hat, bereits länger als drei Monate in der Einrichtung auf?** Wenn ja, ist die Person meldepflichtig.	☐	☐	
4.	**Kann der Meldepflichtige sich persönlich anmelden?**	☐	☐	
5.	**Hat der Leiter der Einrichtung die Anmeldung vorgenommen?**	☐	☐	

Checkliste

Besondere Meldepflichten

Amt/Meldebehörde:	______________________________
Name des Prüfers:	______________________________
Ort/Datum:	______________________ , den ______________

1. Könnte eine besondere Meldepflicht vorliegen?

Nr.	Prüffragen	Ja	Nein	Bemerkungen
1.	Ist der Meldepflichtige Binnenschiffer oder Seemann?	☐	☐	
2.	Wohnt der Meldepflichtige in einer Beherbergungsstätte?	☐	☐	
3.	Wohnt der Meldepflichtige in einem Krankenhaus, Heim oder einer ähnlichen Einrichtung?	☐	☐	

2. Binnenschiffer

Nr.	Prüffragen	Ja	Nein	Bemerkungen
1.	**Ist der Meldepflichtige Binnenschiffer?**	☐	☐	
2.	**Ist der Meldepflichtige bereits mit einem inländischen Wohnsitz gemeldet?** Wenn ja, ist die Prüfung hier zu Ende.	☐	☐	
3.	**Ist das Binnenschiff in einem inländischen Schiffsregister eingetragen?** Wenn nicht, ist die Prüfung hier zu Ende.	☐	☐	
4.	**Liegt der Heimathafen des Binnenschiffes im Zuständigkeitsbereich der Meldebehörde?** Wenn nicht, ist die Prüfung hier zu Ende.	☐	☐	
5.	**Ist die An- bzw. Abmeldung bereits bei einer anderen Meldebehörde oder der Wasserschutzpolizei erfolgt?** Wenn ja, ist die Prüfung hier zu Ende.	☐	☐	

FORUM

3. Seeleute

Nr.	Prüffragen	Ja	Nein	Bemerkungen
1.	**Ist der Meldepflichtige Seemann?**	☐	☐	
2.	**Ist der Meldepflichtige bereits mit einem inländischen Wohnsitz gemeldet?** Wenn ja, ist die Prüfung hier zu Ende.	☐	☐	
3.	**Ist sein Seeschiff berechtigt, die Bundesflagge zu führen?** Wenn nicht, ist die Prüfung hier zu Ende.	☐	☐	
4.	**Hat die Reederei ihren Sitz im Zuständigkeitsbereich der Meldebehörde?** Wenn nicht, ist die Prüfung hier zu Ende.	☐	☐	
5.	**Hat der Reeder den Beginn oder das Ende des Anstellungs-, Heuer- oder Ausbildungsverhältnisses gemeldet?** Wenn ja, ist die Prüfung hier zu Ende.	☐	☐	

4. Beherbergungsstätten

Nr.	Prüffragen	Ja	Nein	Bemerkungen
1.	**Wohnt der Meldepflichtige in einer Beherbergungsstätte?**	☐	☐	
2.	**Ist der Meldepflichtige Inländer?** Wer mit einem inländischen Wohnsitz angemeldet ist, ist bei Nutzung einer Beherbergungsstätte zunächst von der Meldepflicht befreit.	☐	☐	
3.	**Wohnt der inländische Meldepflichtige bereits mehr als sechs Monate in der Beherbergungsstätte?** Erst wenn der Meldepflichtige länger als sechs Monate in der Beherbergungsstätte wohnt, hat er sich innerhalb von zwei Wochen anzumelden.	☐	☐	
4.	**Ist der Meldepflichtige melderechtlicher Ausländer?** Wer nicht mit einem inländischen Wohnsitz angemeldet ist, ist auch zunächst von der Meldepflicht befreit.	☐	☐	
5.	**Wohnt der ausländische Meldepflichtige bereits mehr als drei Monate in der Beherbergungsstätte?** Erst wenn der Meldepflichtige länger als drei Monate in der Beherbergungsstätte wohnt, hat er sich innerhalb von zwei Wochen anzumelden.	☐	☐	

5. Krankenhäuser, Heime und sonstige Einrichtungen

Nr.	Prüffragen	Ja	Nein	Bemerkungen
1.	**Hält sich der Meldepflichtige in einem Krankenhaus, einem Pflegeheim oder einer sonstigen Einrichtung, die der Betreuung pflegebedürftiger oder behinderter Menschen oder der Heimerziehung dient, auf?**	☐	☐	
2.	**Ist der Meldepflichtige mit einer Wohnung im Inland angemedet?** Wenn ja, ist die Prüfung hier zu Ende.	☐	☐	
3.	**Hält sich der Meldepflichtige, der keinen inländischen, gemeldeten Wohnsitz hat, bereits länger als drei Monate in der Einrichtung auf?** Wenn ja, ist die Person meldepflichtig.	☐	☐	
4.	**Kann der Meldepflichtige sich persönlich anmelden?**	☐	☐	
5.	**Hat der Leiter der Einrichtung die Anmeldung vorgenommen?**	☐	☐	

FORUM

BEGLAUBIGUNGEN

Merkblatt

Beglaubigungen von Unterschriften und Dokumenten

Rechtsgrundlagen

§§ 33, 34 VwVfG bzw. die entsprechenden Vorschriften aus dem Landesverwaltungsgesetz

Beglaubigung von Unterschriften

Unterschrift unter einem Schriftstück kann man beglaubigen lassen, wenn diese einer Behörde oder einer Stelle mit öffentlichen Aufgaben vorlegt werden müssen.

Die Meldebehörde ist zuständig für die amtliche Beglaubigung von Unterschriften, wenn das unterzeichnete Schriftstück zur Vorlage bei einer deutschen Behörde oder bei einer privaten Stelle (Unternehmen oder Bank), die beauftragt ist, öffentliche Aufgaben zu erfüllen oder bei der Erfüllung mitzuwirken (z. B. Entgegennahme von Kreditanträgen bei öffentlicher Förderung), bestimmt ist.

Voraussetzungen

Unterschriften und Handzeichen dürfen in der Regel nur beglaubigt werden, wenn sie in Gegenwart einer beglaubigenden Beamtin oder eines beglaubigenden Beamten vollzogen oder anerkannt werden.

Hinweis für Verpflichtungserklärungen:

- Unterschriftsbeglaubigungen auf Verpflichtungserklärungen von Privatpersonen für Besuchseinreisen von Ausländern erhält man nur bei der Ausländerbehörde.
- Unterschriftsbeglaubigungen auf Verpflichtungserklärungen von Firmen- oder Vereinsvertretern gibt es bei der Meldebehörde.

Die Unterschrift darf nur beglaubigt werden, wenn das unterzeichnete Schriftstück benötigt wird zur Vorlage bei einer deutschen Behörde oder bei einer privaten Stelle (Unternehmen oder Bank), die beauftragt ist, öffentliche Aufgaben zu erfüllen oder bei der Erfüllung mitzuwirken (z. B. Entgegennahme von Kreditanträgen bei öffentlicher Förderung).

Nicht beglaubigt werden:

- Unterschriften, die der öffentlichen Beglaubigungen bedürfen. Dazu gehören Unterschriftsbeglaubigungen unter Verträgen oder Erklärungen auf dem Gebiet des Familien- und Erbrechts, in Vereins- und Handelsregistersachen und Grundbuchangelegenheiten. Hier empfiehlt es sich, sich die Unterschrift von einem Notar beglaubigen zu lassen.
- Unterschriftsbeglaubigungen, die zur Vorlage bei einer ausländischen Behörde oder Stelle bestimmt sind, sind den Notariaten vorbehalten.
- Unterschriften ohne zugehörigen Text (Blanko-Unterschriften) dürfen nicht beglaubigt werden.

Benötigte Unterlagen

- Pass oder Personalausweis (im Original) von der Person, deren Unterschrift beglaubigt werden soll.
- Eine zusätzliche Vollmacht ist nicht erforderlich.

Kosten

Die Beglaubigung ist gebührenpflichtig. Die Höhe der Gebühren richtet sich nach der Gebührenordnung.

In welchen Fällen darf keine Beglaubigung erfolgen?

- bei Unterschrift ohne Text („Blanko-Unterschrift")
- wenn der Text in einer fremden Sprache geschrieben ist
- für Vorlagen bei ausländischen Behörden
- wenn es sich um einen Teil einer eidesstattlichen Versicherung handelt
- wenn eine öffentliche Beglaubigung erfolgen muss (bei Angelegenheiten aus dem Erbrecht, Familienrecht, Vereinsrecht, Grundbuch, Handelsregister). Dazu wendet man sich an einen Notar.

Beglaubigung von Dokumenten

Mit einer amtlichen Beglaubigung wird mit Siegel und Unterschrift bestätigt, dass die bei der Meldebehörde angerfertigte Kopie mit dem vorgelegten Dokument übereinstimmt.

Besonders häufig werden z. B. Schulzeugnisse, Ausweisdokumente, Arbeitszeugnisse, Approbations- oder Promotionsurkunden beglaubigt.

Es kann nur das gesamte Dokument beglaubigt werden – keine Teile oder bestimmte Seiten daraus. Auf Wunsch sind auch mehrere Exemplare der benötigten Beglaubigung möglich.

Unterscheidung amtliche und öffentliche Beglaubigung:

- Die gesetzlichen Vorgaben geben der Meldebehörde die Befugnis zur amtlichen Beglaubigung, verpflichtet sie aber nicht dazu. Beglaubigungen liegen daher ausschließlich im pflichtgemäßen Ermessen.
- Die Meldebehörde hat keine Befugnis zur öffentlichen Beglaubigung. Öffentliche Beglaubigungen sind nach dem Beurkundungsgesetz grundsätzlich den Notaren und Notarinnen vorbehalten.

Voraussetzungen

Für eine Beglaubigung muss der Bürger oder eine von ihm beauftragte Person (keine schriftliche Vollmacht notwendig) persönlich vorbeikommen. Hierfür benötigt er einen Termin.

Eine Beglaubigung darf nur erstellt werden, wenn das Dokument von einer deutschen Behörde ausgestellt wurde oder wenn die Meldebehörde das Dokument beglaubigen lassen, weil es bei einer deutschen Behörde oder öffentlichen Einrichtung vorgelegt werden muss.

Nicht beglaubigt werden dürfen beispielsweise:

- Dokumente in fremder Sprache ohne deutsche Übersetzung. Für eine deutsche Übersetzung von Dokumenten muss sich die Meldebehörde an einen öffentlich bestellten und vereidigten Übersetzer wenden.
- Private Schriftstücke, die privat verwendet werden sollen, wie beispielsweise Unterlagen für den Bereich des Erb- und Familienrechts oder Finanzunterlagen. Hier empfiehlt sich die Beglaubigung durch einen Notar.
- Von Geburts-, Heirats- und Sterbeurkunden können keine beglaubigten Kopien angefertigt werden. Diese Urkunden werden bei Bedarf vom Standesamt des Ereignisortes neu ausgestellt.
- Abschriften von Katasterbüchern und von Auszügen aus einem Katasterkartenwerk. Die Beglaubigung erfolgt durch das Vermessungs- und Katasteramt.
- Führerscheine. Die Beglaubigung erfolgt durch die Fahrerlaubnisbehörde.
- Waffenscheine, Jagdscheine und Fischereischeine. Die Beglaubigung erfolgt durch die Waffenbehörde.

Benötigte Unterlagen

- Das Dokument im Original. (Falls nur eine Kopie und kein Original vorliegt, kann mit der Beglaubigung lediglich die Übereinstimmung mit der vorgelegten Kopie bestätigt werden.
- Bei fremdsprachigen Urkunden: deutsche Übersetzung von einem/einer öffentlich beeidigten oder anerkannten Übersetzer/Übersetzerin.

Alle zu beglaubigenden Kopien erstellen die Meldebehörden ausschließlich selbst.

Kosten

Die Beglaubigung ist gebührenpflichtig. Die Höhe der Gebühren richtet sich nach der Gebührenordnung.

Merkblatt

Gebührenbefreiung bei Beglaubigungen

Die Beglaubigung von Dokumenten durch die Meldebehörde ist grundsätzlich gebührenpflichtig.

Das Bundesmeldegesetz enthält selbst keine Regelungen für die Erteilung von Beglaubigungen. Folglich sind hier auch keine Gebührenregelungen dazu bekannt, die ihren Bezugspunkt im Melderecht selbst hätten.

Hingegen enthalten die Landesverwaltungsgesetze Regelungen zur Beglaubigung von Dokumenten durch Landesbehörden. Soweit ersichtlich, ist aber auch hier nicht geregelt, dass und in welcher Höhe Gebühren für die Beglaubigungen zu erheben sind.

Die Befugnis, Gebühren für Beglaubigungen von Dokumenten zu erheben, findet sich vielmehr in den jeweiligen Kommunalabgabengesetzen. Danach dürfen die kommunalen Behörden, zu denen auch die Meldeämter gehören, Gebühren für die Vornahme von Amtshandlungen erheben. Die Beglaubigung eines Dokuments ist eine solche Amtshandlung.

Ob und wie die Gebührenerhebung geregelt wird, regelt die Kommune auf der Grundlage des jeweiligen Kommunalabgabengesetzes durch Gebührensatzung.

In der Landeshauptstadt Kiel z. B. ist geregelt, dass die Beglaubigung von Dokumenten grundsätzlich gebührenpflichtig ist. Für Kopien werden 2,60 € für die erste Seite und 1 € für jede weitere erhoben. Unterschriftsbeglaubigungen kosten 5 €.

Ausnahmsweise werden in Kiel bis zu drei Kopien oder Abschriften von Abschlusszeugnissen im Abschlussjahr kostenlos beglaubigt. Auch Beglaubigungen für Rentenversicherungszwecke sind in Kiel kostenlos.

Wie das jedoch in der jeweiligen Kommune gehandhabt wird, muss selbst überprüft werden. Es ist dem Autor nicht hier nicht darstellbar, wie die unterschiedlichen Regelungen in den 10.994 Kommunen in der Bundesrepublik Deutschland (Stand 31.12.2021) sind.

Prüfliste

Führungszeugnisse

Amt/Meldebehörde: ______________________________

Name des Prüfers: ______________________________

Ort/Datum: ______________________________, den ______________

Nr.	Prüffragen	Ja	Nein	Maßnahmen bis wann
1.	Wird ein (einfaches) Führungszeugnis gem. § 30 BZRG beantragt?	☐	☐	Wenn nein, weiter unter Nr. 7
2.	Hat der Antragsteller das 14. Lebensjahr vollendet?	☐	☐	Wenn nicht, ist der Antrag unzulässig und zurückzuweisen.
3.	Wird das Führungszeugnis von einem gesetzlichen Vertreter beantragt?	☐	☐	
4.	Wird der Antrag persönlich oder schriftlich mit amtlich oder öffentlich beglaubigter Unterschrift gestellt?	☐	☐	
5.	Sind die Identität und ggf. Vertretungsmacht des Antragstellers nachgewiesen?	☐	☐	Liegen die Voraussetzungen für das (einfache) Führungszeugnis vor, ist es der antragstellenden Person direkt zu übersenden.
6.	Wird das Führungszeugnis zur Vorlage bei einer Behörde beantragt?	☐	☐	In dem Fall ist das Führungszeugnis der Behörde unmittelbar zu übersenden.
7.	Wird ein erweitertes Führungszeugnis gem. § 30a BZRG beantragt?	☐	☐	
8.	Ist die Erteilung eines erweiterten Führungszeugnisses in gesetzlichen Bestimmungen vorgesehen?	☐	☐	
9.	Wird das erweiterte Führungszeugnis für eine berufliche oder ehrenamtliche Beaufsichtigung, Betreuung, Erziehung oder Ausbildung Minderjähriger benötigt?	☐	☐	
10.	Wird das erwartete Führungszeugnis für eine Tätigkeit, die in einer in Nr. 9 vergleichbaren Weise geeignet ist, Kontakt zu Minderjährigen aufzunehmen, benötigt?	☐	☐	
11.	Hat der Antragsteller eine schriftliche Aufforderung vorgelegt, in der die Person, die das erweiterte Führungszeugnis von der antragstellenden Person verlangt, bestätigt, dass die Voraussetzungen nach Nr. 8-10 vorliegen?	☐	☐	

Hinweis:

Die Registerauskünfte sind zu protokollieren. Die Protokolldaten sind nach einem Jahr zu löschen, es sei denn, sie werden noch für Mitteilungen, Berichtigungen oder Sperrvermerke (§ 20 BZRG) benötigt. Entfällt dieser Zweck, sind sie unverzüglich zu löschen.

MELDEREGISTER-AUSKUNFT

Leitfaden

Übermittlungssperre

Rechtsgrundlagen

§ 3 Abs. 1 Nr. 18 BMG (Speicherung von Auskunfts- und Übermittlungssperren)

§ 36 Abs. 2 BMG (Übermittlungssperre bei regelmäßigen Datenübermittlungen)

§ 42 Abs. 3 BMG (Übermittlungssperre bei Datenübermittlung an öffentlich-rechtliche Religionsgesellschaften)

§ 50 Abs. 5 BMG (Übermittlungssperre bei Melderegisterauskünften in besonderen Fällen)

Definition

Die Übermittlungssperre (ÜSP) ist ein Vermerk im Meldedatensatz. Sie entsteht dadurch, dass die betroffene Person oder ihr gesetzlicher Vertreter der Übermittlung bestimmter, im BMG definierter Daten an Dritte widerspricht.

Der Widerspruch ist im Melderegister einzutragen, § 3 Abs. 1 Nr. 18 BMG. Der Eintrag bewirkt, dass die betroffenen Daten nicht übermittelt werden dürfen.

Bei regelmäßigen Datenübermittlungen an die Bundeswehr

Nach § 36 Abs. 1 BMG finden regelmäßig wiederkehrende Datenübermittlungen (regelmäßige Datenübermittlungen) an andere öffentliche Stellen routinemäßig ohne Ersuchen statt, wenn dies in allgemein bestimmten Fällen durch Bundes- oder Landesrecht vorgeschrieben ist.

Ein solcher Fall ist die Datenübermittlung nach § 58c Abs. 1 Satz 1 Soldatengesetz (SG). Danach werden die Einwohnermeldedaten von Personen mit deutscher Staatsangehörigkeit, die im nächsten Jahr volljährig werden, an das Bundesamt für das Personalmanagement der Bundeswehr übermittelt. Die übermittelten Daten dürfen zur Übersendung von Informationsmaterial über Tätigkeiten in der Bundeswehr verwendet werden.

Gemäß § 36 Abs. 2 Satz 1 BMG hat die betroffene Person das Recht, dieser Datenübermittlung an die Bundeswehr zu widersprechen. Zuständig für die Entgegennahme des Widerspruchs ist die Meldebehörde der alleinigen Wohnung oder der Hauptwohnung.

Der Widerspruch gilt bis zu seinem Widerruf und ist mit Vollendung des 18. Lebensjahres der betroffenen Person zu löschen (Nr. 36.2 BMGVwV). Das liegt daran, dass alle deutschen Männer nach wie vor grundsätzlich wehrpflichtig sind (§ 1 Abs. 1 WPflG). Sie können der regelmäßigen Datenübermittlung an die Bundeswehr nicht widersprechen (vgl. Anl. 5 Nr. 1 BMGVwV).

Im Spannungs- und Verteidigungsfall lebt die allgemeine Wehrpflicht wieder auf (vgl. § 2 WPflG). Dann unterliegen die Wehrpflichtigen auch wieder der Wehrüberwachung (§ 24 Abs. 1 Satz 1 WPflG) und sind zur Feststellung der Wehrpflicht zu erfassen (§ 15 Abs. 1 WPflG). Das ist nach § 15 Abs. 4 WPflG eine Aufgabe der Länder, die von den Meldebehörden durchgeführt wird. Angesichts der aktuellen sicherheitspolitischen Lage wohl eine Aufgabe, auf die sich die Meldebehörden unbedingt vorbereiten sollten.

Da § 36 BMG keinen Bezug auf das Wehrpflichtgesetz nimmt, ist ein Widerspruch gegen die Weitergabe der Meldedaten zur Erfassung (noch nicht wehrpflichtiger) minderjähriger Männer an die Bundeswehr im Spannung- und Verteidigungsfall gar nicht möglich. Die Übermittlungssperre greift daher auch nur im „Friedensbetrieb“.

Auf das Widerspruchsrecht ist durch ortsübliche Bekanntmachung bis spätestens im Oktober eines jeden Jahres hinzuweisen. Betroffene Personen sind bei der Anmeldung über ihr Widerspruchsrecht aufzuklären (§ 36 Abs. 2 Satz 3 BMG, Anl. 5 Nr. 1 BMGVwV)

Aus dem Wortlaut des § 32 Abs. 2 Satz 2 BMG ergibt sich, dass die Übermittlungssperre, die dem Widerspruch folgt, nur auf gesonderten Antrag der betroffenen Person hin einzutragen ist. Die Norm spricht lediglich davon, dass die betroffene Person ein Recht auf eine unentgeltliche Einrichtung einer Übermittlungssperre hat. Daraus folgt, dass das Recht auch wahrgenommen und ausgeübt werden muss. Eine Eintragung von Amts wegen ist nicht angeordnet.

Bei Datenübermittlungen an öffentlich-rechtliche Religionsgemeinschaften

Nach § 42 Abs. 1 BMG darf die Meldebehörde einer öffentlich-rechtlichen Religionsgesellschaft zur Erfüllung ihrer Aufgaben auch regelmäßig bestimmte Daten ihrer Mitglieder (der Religionsgesellschaft) übermitteln. Voraussetzung ist wegen des Verweises auf § 34 Abs. 1 Satz 1 BMG, dass die übermittelten Daten zur Erfüllung einer öffentlichen Aufgabe erforderlich sind, die in der Zuständigkeit der öffentlichen Stelle, hier also der öffentlich-rechtlichen Religionsgemeinschaft, liegt. Das Interesse besteht darin, überhaupt mit den Mitgliedern der eigenen Religionsgesellschaft in Kontakt treten zu können. Nicht zulässig ist die Übermittlung der Daten an die öffentlich-rechtliche Religionsgesellschaft zu arbeitsrechtlichen Zwecken.

Nun kann es vorkommen, dass Familienangehörige des Mitgliedes einer öffentlich-rechtlichen Religionsgesellschaft selbst entweder keiner oder einer anderen öffentlich-rechtlichen Religionsgesellschaft angehören. Familienangehörige in diesem Sinne sind der Ehegatte oder Lebenspartner, minderjährige Kinder und die Eltern von minderjährigen Kindern.

Für diesen Fall sieht § 42 Abs. Abs. 3 Satz 2 BMG vor, dass diese Familienangehörigen, die nicht derselben oder keiner öffentlich-rechtlichen Religionsgemeinschaft angehören, das Recht haben, der Übermittlung ihrer Daten zu widersprechen.

Die Familienangehörigen sind bei der Anmeldung sowie einmal jährlich durch ortsübliche Bekanntmachung auf dieses Widerspruchsrecht hinzuweisen.

Der Widerspruch ist bei der Meldebehörde der alleinigen Wohnung oder Hauptwohnung einzulegen und gilt bis zu seinem Widerruf (Nr. 42 BMGVwV).

Mit dem Verweis auf § 36 Abs. 2 Satz 2 BMG erhält die betroffene Person einen Anspruch darauf, dass ein von ihr erklärter Widerspruch gegen die Übermittlung ihrer Daten an eine öffentlich-rechtliche Religionsgemeinschaft in Form einer Übermittlungssperre im Melderegister eingetragen wird. Allerdings erfolgt dies nur auf Antrag der betroffenen Person (vgl. § 36 Abs. 2 Satz 2 BMG).

Bei Melderegisterauskünften in besonderen Fällen

Nach § 50 Abs. 1 BMG darf die Meldebehörde Parteien, Wählergruppen und anderen Trägern von Wahlvorschlägen im Zusammenhang mit Wahlen und Abstimmungen auf staatlicher und kommunaler Ebene in einer relativ kurzen Frist vor der Wahl oder Abstimmung Auskunft über die im Einzelnen näher bezeichneten Daten erteilen.

Nach § 50 Abs. 2 BMG dürfen Mandatsträgern, der Presse oder dem Rundfunk aus dem Melderegister Auskunft über Alters- oder Ehejubiläen von Einwohnern erteilt werden.

Nach § 50 Abs. 3 BMG dürfen die zur Herausgabe von Adressbüchern (Adressverzeichnissen in Buchform!) erforderlichen, in der Norm näher beschriebenen Daten, an die jeweiligen Verlage übermittelt werden.

Solchen Übermittlungen ihrer Daten nach den vorstehenden Absätzen kann die betroffene Person widersprechen.

Im Fall des § 50 Abs. 1 BMG (Wahlzwecke) ist der Widerspruch bei der Meldebehörde der alleinigen Wohnung oder der Hauptwohnung einzulegen. Er bewirkt, dass die Daten nicht übermittelt werden. Der Widerspruch gilt bis zu seinem Widerruf.

Im Fall des § 50 Abs. 2 BMG (Jubiläen) ist der Widerspruch bei allen Meldebehörden, bei denen die betroffene Person gemeldet ist, einzulegen. Der Widerspruch eines Ehegatten oder Lebenspartners wirkt nicht auch für den anderen Ehegatten oder Lebenspartner. Um die Auskunft vollständig zu unterbinden, müssen also beide Ehegatten oder Lebenspartner einen Widerspruch einlegen. Auch dieser Widerspruch gilt bis zu seinem Widerruf.

Im Fall des § 50 Abs. 3 BMG (Adressbuchverlage) ist der Widerspruch gegen die Übermittlung ebenfalls bei allen Meldebehörden einzulegen, bei denen die betroffene Person gemeldet ist. Auch dieser Widerspruch gilt bis zu seinem Widerruf.

Auch hier spricht das Gesetz nicht von der Eintragung einer Übermittlungssperre von Amts wegen. Daraus ist zu schließen, dass auch hier die Eintragung der Übermittlungssperre von einem gesonderten Antrag der betroffenen Person abhängt.

Auf das Widerspruchsrecht ist die betroffene Person bei ihrer Anmeldung sowie einmal jährlich durch ortsübliche Bekanntmachung hinzuweisen.

Leitfaden

Auskunftssperre

Rechtsgrundlagen

§ 3 Abs. 1 Nr. 18 BMG (Speicherung von Auskunfts- und Übermittlungssperren)

§ 51 BMG (Auskunftssperre)

Definition

Die Auskunftssperre (ASP) ist ein Vermerk im Meldedatensatz. Sie entsteht dadurch, dass Anhaltspunkte dafür vorliegen, dass herausragende Rechtsgüter der betroffenen Person oder einer anderen Person vor rechtswidrigen Angriffen durch Dritte geschützt werden müssen.

Die Auskunftssperre ist auf Antrag oder von Amts wegen einzutragen. Sie ist befristet.

Grundsatz

Zum Schutz von Leben, gesundheitspersönlicher Freiheit oder ähnlichen schutzwürdigen Interessen können Auskunftssperren eingetragen werden. Sie führen jedoch nicht zu einem absoluten Auskunftsverbot, sondern zu einem Prüfungsverfahren, um Gefahren für die genannten Schutzgüter im konkreten Auskunftsfall auszuschließen.

Die Auskunftssperre hat durch das Gesetz zur Bekämpfung des Rechtsextremismus und der Hasskriminalität besondere Bedeutung erfahren. Hintergrund ist, die Beobachtung, dass in der Anonymität des Internets und besonders in den sozialen Medien eine zunehmende Verrohung der Kommunikation zu beobachten ist, die durch die verfassungsrechtlich verankerte freiheitlich-demokratische Grundordnung garantiert wird, mindestens zu stören, wenn nicht sogar zu unterbinden. So sollen v. a. gesellschaftlich und politisch tätige Personen und ihr näheres, insbesondere. familiäres Umfeld nicht nur vor der Verletzung ihrer allgemeinen Persönlichkeitsrechte, sondern v. a. auch vor dem stark aggressiven Auftreten, Einschüchterungen und Bedrohungen durch die sich feige hinter Pseudonymen versteckenden, in ihrer Gewaltbereitschaft aber durchaus ernst zu nehmenden Tätern geschützt werden.

Auch wenn erkennbar der Schutz berufsmäßiger und ehrenamtlicher Politiker bezweckt ist, ist der Anwendungsbereich der Norm wegen seiner offenen Formulierung nicht auf diese Personengruppe beschränkt. Denkbar ist auch eine Anwendung auf Angehörige bestimmter Berufsgruppen (Polizisten, Richter und Staatsanwälte, Rechtsanwälte, Mitarbeiter des Jobcenters, bestimmte Ärzte etc.), die aufgrund ihrer Berufsausübung potenzielle Opfer von Bedrohungen oder gar Angriffen sind. Das kann im Einzelfall aber auch eine Frau sein, die gestalkt wird oder sich nach einer Trennung vor ihrem gewalttätigen Ex-Partner verstecken muss.

Persönlicher Anwendungsbereich

In persönlicher Hinsicht schützt die Norm die Person, über deren Meldedaten eine Auskunft erteilt werden soll, aber auch andere Personen (besonders exponierte Personen). Mit diesen anderen Personen sind Personen aus dem näheren Umfeld der betroffenen Person gemeint, deren schutzwürdige Rechte durch die Auskunft ebenfalls beeinträchtigt sein könnten. Das sind v. a. Familienangehörige aus dem engeren Familienkreis (Kernfamilie). Dabei kommt es nicht darauf an, ob diese Personen in demselben Haushalt leben.

Sachlicher Anwendungsbereich

In sachlicher Hinsicht schützt die Auskunftssperre die Betroffenen oder andere Personen vor Gefahren für Leben, Gesundheit, persönliche Freiheit oder ähnliche schutzwürdige Interessen. Ein ähnliches schutzwürdiges Interesse ist insbesondere der Schutz vor Bedrohungen, Beleidigungen sowie unbefugten Nachstellungen und diesen Gefahren, die sich insbesondere aus der Anonymität der Täter im Internet und sozialen Medien ergeben.

Die Zugehörigkeit zu einer bestimmten Berufsgruppe allein genügt nicht für die Eintragung einer Auskunftssperre. Auskunftssperren gelten stets nur zum Schutz individueller Interessen, die bei der einzelnen betroffenen Person vorliegen und im Zweifel glaubhaft gemacht werden müssen. Deshalb ist die betroffene Person auch anzuhören.

Auf Antrag oder von Amts wegen

Soweit nicht von Amts wegen gehandelt wird, weil nach Kenntnis der Meldebehörde die Voraussetzungen für die Eintragung einer Auskunftssperre zweifellos vorliegen, bedarf die Eintragung einer Auskunftssperre eines Antrags. Dieser Antrag löst dann das Prüfverfahren aus.

Minderjährige sind antragsberechtigt, soweit sie persönlich meldepflichtig sind.

Fehlt es bei Minderjährigen unter 16 Jahren an der Mitwirkung beider Elternteile, ist die Eintragung einer sachlich berechtigten Auskunftssperre von Amts wegen vorzunehmen.

Abstrakte Gefahr für ein schutzwürdiges Interesse

Voraussetzung für die Eintragung einer Auskunftssperre ist zunächst, dass der Meldebehörde Tatsachen bekannt werden, die die Annahme rechtfertigen, dass eine Gefahr für ein schutzwürdiges Interesse besteht. Die Gefahr muss nicht konkret sein oder sich bereits manifestiert haben. Ausreichend ist, dass es unter den bekannten Umständen und bei einem ungehinderten Fortgang der Ereignisse nicht unwahrscheinlich ist, dass die schutzwürdigen Interessen beeinträchtigt werden können (abstrakte Gefahr).

Kein Ermessen

Hinsichtlich der Feststellung, ob die bekannten Tatsachen die Annahme rechtfertigen, dass schutzwürdige Interessen der betroffenen Person durch eine Melderegisterauskunft gefährdet wären, steht der Meldebehörde ein Beurteilungsspielraum zu. Diese Beurteilung des Sachverhalts ist verwaltungsgerichtlich voll überprüfbar.

Kommt die Meldebehörde zu dem Schluss, dass eine solche Gefahr vorliegt, steht ihr kein Ermessen dahin gehend zu, ob die Auskunftssperre einzutragen ist. Das ist dann die zwingende Rechtsfolge.

Wirkung der Auskunftssperre

Die Auskunftssperre gilt für jede Art der Melderegisterauskunft, auch für die Melderegisterauskünfte in besonderen Fällen nach § 50 BMG. Sie bewirkt, dass eine Auskunft nicht erteilt werden darf. Die um Auskunft suchende Person oder Stelle erhält eine „neutrale Antwort".

Die betroffene Person und, sofern die Eintragung auf Veranlassung einer in § 34 Abs. 4 Satz 1 Nr. 1-4, 6-9 und elf genannten Behörde von Amts wegen erfolgte, zusätzlich die veranlassende Stelle sind über jedes Ersuchen um eine Melderegisterauskunft unverzüglich zu unterrichten.

Zuständige Behörde

Zuständig für die Eintragung einer Auskunftssperre ist die Meldebehörde, die den Antrag auf Eintragung erhalten hat. Der Antrag soll in der Regel bei der Meldebehörde der Hauptwohnung gestellt werden. In Notfällen sind aber auch andere Meldebehörden zuständig.

Zuständig für die Bearbeitung und Beantwortung des Antrags auf Auskunft über eine Person, für die eine Auskunftssperre besteht, ist die Meldebehörde, bei der die Anfrage gestellt wurde (Nr. 51.1.1 BMGVwV). Dadurch ist sichergestellt, dass sich die tatsächlich zuständige Meldebehörde nicht zu erkennen geben muss, was Rückschlüsse auf den tatsächlichen Wohnort der betroffenen Person zulassen würde.

Hinweis auf weitere Sperrmöglichkeiten

Anlässlich der Eintragung einer Auskunftssperre ist die betroffene Person auch auf andere Ausforschungsmöglichkeiten durch Dritte hinzuweisen, damit die Meldebehörde weitere, eigene Schutzmaßnahmen ergreifen kann. Dem Antragsteller soll auch bewusst gemacht werden, dass seine Daten möglicherweise bei anderen öffentlichen Stellen wie z. B. dem Finanzamt, dem Jugendamt oder bei Gericht, gespeichert sind und gegebenenfalls weitere Möglichkeiten zur Sperrung von Daten bestehen. Hierzu zählt auch die Möglichkeit, die Daten auch in anderen öffentlichen Registern, wie dem Ausländerzentralregister oder dem Zentralen Fahrzeugregister, sperren zu lassen.

Bestehen Anhaltspunkte für eine Gefährdung einer Frau, z. B. durch häusliche Gewalt, Zwangsprostitution oder Gewalt im Namen der Ehre, soll die Meldebehörde auf das bundesweite Hilfetelefon „Gewalt gegen Frauen" des Bundesamtes für Familie und zivilgesellschaftliche Aufgaben und die entsprechende Internetseite hinweisen.

Entscheidung der Meldebehörde über Auskunftsersuchen

Ist die Ausgangssperre beantragt, aber noch nicht eingetragen, hat die Meldebehörde zu prüfen, ob eine Gefährdung durch eine Auskunftserteilung ausgeschlossen werden kann. Dazu hat sie die betroffene Person oder die Behörde, die die Sperre veranlasst hat, anzuhören. Diese sind jedoch nicht zur Rückäußerung verpflichtet.

Vor der Auskunftserteilung erhält die betroffene Person dann einen rechtsbehelfsfähigen Bescheid. In diesem wird die Erteilung der Auskunft angekündigt. Bei Veranlassung der Sperre durch eine Behörde wird auch diese unterrichtet.

Die Auskunft wird dann erst nach Unanfechtbarkeit der Entscheidung, die Auskunft erteilen zu wollen, tatsächlich erteilt. Nur in begründeten Einzelfällen kann die sofortige Vollziehung gem. § 80 Abs. 2 Satz 1 Nr. 4 i. V. m. § 80 Abs. 1 VwGO angeordnet werden. Das dürfte aber in der Praxis außerordentlich schwierig zu begründen sein.

Für die Auskunftserteilung ist der Empfänger der Auskunft auf die strikte Zweckbindung hinzuweisen.

Interessenabwägung im Verwaltungsverfahren

Die Eintragung einer Auskunftssperre setzt Tatsachen voraus, die eine Gefährdung annehmen lassen. Bei der Auslegung, ob diese vorliegen oder hinreichend konkret sind, ist zu beachten, dass es sich um ein Verwaltungsverfahren handelt. Es steht weder eine Straf- noch eine zivilrechtliche Entscheidung an. Deshalb gibt es **keine Unschuldsvermutung** und auch keine Beweis- oder Verwertungsverbote. An Wertungen anderer Gerichte – sei es von Familien- oder Strafgerichten – sind die Behörden nicht gebunden. Auch wenn ein Straf- oder Bußgeldverfahren eingestellt oder ein Antrag (etwa aus formalen Gründen oder wegen fehlender Beweisbarkeit) abgelehnt wurde, kann eine verwaltungsrechtliche Interessenabwägung zugunsten der Auskunftssperre erfolgen.

Auch bei einer nicht rechtmäßigen Anordnung zur Vorlage von Unterlagen besteht kein Verwertungsverbot. Für das Strafverfahrensrecht unter bestimmten Voraussetzungen gegebene Beweisverwertungsverbote sind auf das Verwaltungsverfahren und verwaltungsgerichtliche Verfahren nicht übertragbar. Denn hier geht es nicht um die nachträgliche Ermittlung begangenen Unrechts oder um die Feststellung der persönlichen Schuld bei einer geltenden Unschuldsvermutung. Es geht um die **Abwehr (abstrakt) bestehender Gefahren**, die eine Ungefährlichkeitsvermutung bzw. den Verzicht auf eine Gefahrenabwehr im Zweifelsfall vor dem Hintergrund der staatlichen Schutzpflicht für die in Art. 2 Abs. 2 GG genannten Rechtsgüter – hier insbesondere Leben, Gesundheit und persönliche Freiheit – gerade nicht zulässt.

Die Meldebehörde muss die Tatsache nicht beweisen. Sie trifft mit der Interessenabwägung eine Prognoseentscheidung. Diese Prognoseentscheidung ist verwaltungsgerichtlich überprüfbar.

Während der Überprüfung der Ausgangssperren im verwaltungsgerichtlichen Verfahren hat die Auskunftssperre weiterhin Bestand. Das gilt jedenfalls so lange, bis sie wieder aufgehoben wird, weil die Voraussetzungen für ihre Eintragung weggefallen sind. Das kann auch im laufenden Gerichtsprozess passieren.

Um die Eintragung einer Auskunftssperre zu rechtfertigen, muss der Antragsteller bzw. die betroffene Person eine konkrete und individuelle Gefährdung geltend machen. Ob die Angaben schon hinreichend konkret sind, ist zu Beginn des Verfahrens nicht immer eindeutig. Auch bei noch nicht abschließend geklärter Sachlage kann und sollte in der Regel eine Auskunftssperre eingetragen und mit Auflagen versehen werden, etwa, dass die die Eintragung begründenden Tatsachen glaubhaft zu machen sind.

Werden die Auflagen nicht oder unvollständig erfüllt, ist die Eintragung der Auskunftssperre zu widerrufen.

Befristung auf zwei Jahre (mit Verlängerungsmöglichkeit)

Die Auskunftssperre grundsätzlich auf zwei Jahre befristet. Auf Antrag oder von Amts wegen kann sie verlängert werden (um weitere zwei Jahre).

Bevor die Ausgangssperre aufgehoben wird, ist die betroffene Person zu unterrichten. Wurde die Ausgangssperre von einer in § 34 Abs. 4 Satz 1 Nr. 1-4, 6-9 und 11 genannten Behörde veranlasst, ist diese zu unterrichten, wenn die betroffene Person nicht erreichbar ist.

Leitfaden

Bedingter Sperrvermerk

Rechtsgrundlagen

§ 52 BMG (Bedingter Sperrvermerk)

Nr. 52 BMGVwV

Anlage 16 zur BMGVwV

Definition

Der bedingte Sperrvermerk (SpV) ist ein Vermerk am Meldedatensatz. Er bewirkt, dass eine Auskunft aus dem Melderegister nur erteilt wird, wenn eine Beeinträchtigung schutzwürdiger Interessen der betroffenen Person ausgeschlossen werden kann. Bedingt ist der Sperrvermerk, weil er im Unterschied zur Auskunftssperre nach § 51 BMG an eine bestimmte Wohneinrichtung oder Wohnadresse und nicht an die Person des Meldepflichtigen gekoppelt ist.

Eintragung des bedingten Sperrvermerks

Wohneinrichtung oder Wohnanschrift

Der bedingte Sperrvermerk ist (kein Ermessen!) einzutragen, wenn die betroffene Person gemeldet ist in

1. einem Pflegeheim oder einer sonstigen Einrichtung, die der Betreuung pflegebedürftiger oder behinderter Menschen oder der Heimerziehung dient,
2. einer Einrichtung zum Schutz vor häuslicher Gewalt oder
3. einer Einrichtung zur Behandlung von Suchterkrankungen.

Kenntnis der Meldebehörde

Voraussetzung für die Eintragung des bedingten Sperrvermerks ist, dass die Person nach Kenntnis der Meldebehörde in einer der oben genannten Einrichtungen gemeldet ist. Die Meldebehörde ist jedoch nicht verpflichtet, sich aktiv Wissen über solche Einrichtungen anzueignen oder gar bei jeder Anmeldung zu recherchieren. Der Gesetzgeber geht vielmehr davon aus, dass die Leitungen der Einrichtungen oder Angehörige oder die betroffene Person selbst dafür sorgen, dass bedingte Sperrvermerke eingetragen werden.

Die Meldebehörde hat Kenntnis davon, dass eine betroffene Person in einer solchen Einrichtung wohnt, wenn sich diesbezügliche Angaben auf dem Meldeschein finden oder wenn sich aus dem Gespräch anlässlich der persönlichen Anmeldung in der Behörde ergibt, dass die meldepflichtige Person in eine solche Einrichtung eingezogen ist.

Eintragung von Amts wegen

Die Eintragung erfolgt von Amts wegen und ist nicht von einem Antrag der betroffenen Person abhängig, sondern allein davon, dass die betroffene Person nach Kenntnis der Meldebehörde in einer solchen Einrichtung gemeldet ist. Der bedingte Sperrvermerk schützt die äußerst sensible Information, dass sich die meldepflichtige Person in einer allein von der Meldeadresse ableitbaren, besonderen Lebenssituation befindet.

Unentgeltlichkeit

Auch aus diesem Grund erfolgt die Eintragung des bedingten Sperrvermerks unentgeltlich.

Wirkung des bedingten Sperrvermerks

Grundsatz: Keine Auskunft

Der bedingte Sperrvermerk bewirkt, dass grundsätzlich keine Auskunft über die mit dem SpV versehene Meldeadresse erteilt werden darf. Es ist davon auszugehen, dass eine Registerauskunft schutzwürdige Interessen der betroffenen Person beeinträchtigen könnte.

Schutzwürdig ist beispielsweise das Interesse eines Menschen, dass nicht jedermann ohne Weiteres herausfinden kann, dass er sich in einer Entzugsklinik aufhält (also offensichtlich ein Drogen- oder Alkoholproblem hat). Dass schutzwürdige Interessen von Frauen, die mit oder ohne ihren Kinder vor ihren gewalttätigen Partnern fliehen und sich verstecken müssen, beeinträchtigt werden könnten, wenn die Anschrift des Frauenhauses beauskunftet werden würde, bedarf keiner Erläuterung. Aber auch die aus der Meldeadresse ableitbare Information, dass eine Person in einem Behindertenheim, einem Pflegeheim (z. B. für Demenzpatienten) oder auch in einem Erziehungsheim wohnt, kann wohl zunächst als ein schutzwürdiges Datum angesehen werden.

Ausnahme: Wenn Beeinträchtigung schutzwürdiger Interessen ausgeschlossen ist

Deshalb darf eine Melderegisterauskunft nur ausnahmsweise und nur dann erteilt werden, wenn die Beeinträchtigung schutzwürdiger Interessen ausgeschlossen ist. Bleiben Zweifel, hat die Auskunft zu unterbleiben. Dabei bezieht sich die Prüfung allerdings allein auf die Frage, ob aus der Bekanntgabe der Meldeadresse unmittelbar die Beeinträchtigung des schutzwürdigen Interesses erwächst.

Rückausnahme: Nur, wenn die Voraussetzungen für eine Auskunftssperre nicht vorliegen

Ist die Beeinträchtigung schutzwürdiger Interessen durch die bloße Bekanntgabe der Meldeadresse zwar ausgeschlossen, liegen aber Tatsachen vor, die die Eintragung einer Auskunftssperre nach § 51 BMG ermöglichen würde, darf ebenfalls keine Auskunft erteilt werden.

Während es beim bedingten Sperrvermerk allein um einen adressenbezogenen Schutz von Interessen geht, geht es bei der Auskunftssperre um den Schutz besonders schutzwürdiger, individueller Interessen einer konkreten Person. Da dieser Schutz zwar weitergeht als beim bedingten Sperrvermerk, die Schutzbereiche aber auch im Bereich der Gefährdung von Leben, Gesundheit oder persönlicher Freiheit teilweise deckungsgleich sind, ist es sachgerecht, die Sperrwirkung des bedingten Sperrvermerks auch auf diesen Bereich der Gefährdung (nicht nur der Beeinträchtigung) auszudehnen.

Anhörungspflicht

Da die Auskunftserteilung bei eingetragenem bedingtem Sperrvermerk für die betroffene Person einen belastenden Eingriff in ihre Rechte mit Außenwirkung darstellt (es werden Informationen preisgegeben, die eigentlich besonders geschützt sein sollten), handelt es sich bei der Entscheidung, Auskunft zu erteilen, um einen Verwaltungsakt, zu dem die betroffene Person zuvor anzuhören ist (§ 52 Abs. 2 Satz 2 BMG).

Widerspruchsrecht

Gegen einen belastenden Verwaltungsakt, hier also die Entscheidung, trotz des Sperrvermerks Auskunft zu erteilen, kann die betroffene Person Widerspruch einlegen. Das Verwaltungsgericht kann in der Klage prüfen, ob die Beeinträchtigung schutzwürdiger Interessen tatsächlich ausgeschlossen war und die Voraussetzungen des § 51 Abs. 1-3 BMG nicht vorlagen und somit die Melderegisterauskunft erteilt werden durfte.

Die der Entscheidung zur Auskunftserteilung folgende Melderegisterauskunft ist hingegen lediglich ein Realakt und daher nicht mit dem Widerspruch angreifbar.

Ablauf der Registerauskunft bei bedingtem Sperrvermerk

Der Ablauf des Verfahrens einer einfachen Melderegisterauskunft bei Vorliegen eines bedingten Sperrvermerks wird in Anlage 16 der BMGVwV in einem Flussdiagramm dargestellt.

Merkblatt

Änderungen seit Einführung des BMG

Ausgangspunkt

Das Bundesmeldegesetz wurde durch Art. 1 des Gesetzes zur Fortentwicklung des Meldewesens (MeldFortG) vom 03. Mai 2013 (BGBl. I S. 1084) geschaffen.

In Ausfüllung der im Zuge der Föderalismusreform neu geschaffenen ausschließlichen Gesetzgebungskompetenz des Bundes wurden in dem neuen Bundesmeldegesetz das bisher maßgebliche Melderechtsrahmengesetz und die Landesmeldegesetze in einem Bundesgesetz zusammengeführt. Eine wesentliche Rechtsänderung war damit nicht verbunden. Es ging vielmehr um die Herstellung von Rechtssicherheit durch Rechtsvereinheitlichung und um die Sicherstellung eines effektiven und effizienteren Vollzuges des Melderechts: Daten und Datenspeicherung, Schutzrechte, Meldepflichten, Datenübermittlung zwischen öffentlichen Stellen, Melderegisterauskünfte, Zeugenschutz und Ordnungswidrigkeiten.

Änderungen

Eine erste Änderung erfuhr das BMG bereits mit Art. 1 des Gesetzes zur Änderung des Gesetzes zur Fortentwicklung des Meldewesens vom 20. November 2014 /BGBl. I S. 1738). Geändert wurden §§3, 10, 36, 42 und 49

Es folgten weitere Änderungen:

Datum der Änderung	Geänderte §§	Geändert durch
23.05.2015	§ 27	Artikel 3a Bundeswehr-Attraktivitätssteigerungsgesetz (BwAttraktStG) vom 13. Mai 2015 (BGBl. I S. 706)
30.06.2015	§ 3	Artikel 2a Gesetz zur Änderung des Personalausweisgesetzes zur Einführung eines Ersatz-Personalausweises und zur Änderung des Passgesetzes vom 20. Juni 2015 (BGBl. I S. 970)
01.11.2015	§ 27	Artikel 4 Asylverfahrensbeschleunigungsgesetz vom 20. Oktober 2015 (BGBl. I S. 1722)
05.02.2016	§ 3, § 14	Artikel 8 Datenaustauschverbesserungsgesetz vom 2. Februar 2016 (BGBl. I S. 130)
01.11.2016	§ 23	Artikel 9 Datenaustauschverbesserungsgesetz vom 2. Februar 2016 (BGBl. I S. 130)
01.11.2016	§ 3, § 5, § 11, § 18, § 19, § 23, § 24, § 33, § 34, § 38, § 42, § 43, § 44, § 48, § 49, § 51, § 52	Artikel 1 Erstes Gesetz zur Änderung des Bundesmeldegesetzes und weiterer Vorschriften vom 11. Oktober 2016 (BGBl. I S. 2218)
29.07.2017	§ 10	Artikel 11 eIDAS-Durchführungsgesetz vom 18. Juli 2017 (BGBl. I S. 2745)
01.11.2015 (22.12.2017)	§ 50	Hinweis auf von Bundesrecht abweichendes Landesrecht (Hessen) vom 22. Dezember 2017 (BGBl. I S. 4016)
09.08.2019	§ 13, § 14	Artikel 8 Zweites Datenaustauschverbesserungsgesetz vom 4. August 2019 (BGBl. I S. 1131)
01.11.2019	§ 3, § 23	Artikel 8 Zweites Datenaustauschverbesserungsgesetz vom 4. August 2019 (BGBl. I S. 1131)

01.11.2019	§ 10	Artikel 5 Gesetz zur Einführung einer Karte für Unionsbürger und Angehörige des Europäischen Wirtschaftsraums mit Funktion zum elektronischen Identitätsnachweis sowie zur Änderung des Personalausweisgesetzes und weiterer Vorschriften vom 21. Juni 2019 (BGBl. I S. 846)
26.11.2019	§ 2, § 4, § 5, § 6, § 7, § 8, § 9, § 10, § 11, § 12, § 13, § 14, § 16, § 18, § 19, § 31, § 33, § 34, § 36, § 37, § 38, § 39, § 40, § 41, § 42, § 44, § 45, § 49, § 50, § 51, § 52, § 54, § 55, § 56, § 58	Artikel 16 Zweites Datenschutz-Anpassungs- und Umsetzungsgesetz EU (2. DSAnpUG-EU) vom 20. November 2019 (BGBl. I S. 1626)
01.01.2020	§ 29, § 30, § 54, § 56	Artikel 1 Drittes Bürokratieentlastungsgesetz vom 22. November 2019 (BGBl. I S. 1746)
01.05.2020	§ 3	Artikel 4 Drittes Waffenrechtsänderungsgesetz (3. WaffRÄndG) vom 17. Februar 2020 (BGBl. I S. 166)
27.06.2020	§ 42, § 56	Artikel 82 Elfte Zuständigkeitsanpassungsverordnung vom 19. Juni 2020 (BGBl. I S. 1328)
12.12.2020	§ 3, § 13, § 14, § 38	Artikel 3 Gesetz zur Stärkung der Sicherheit im Pass-, Ausweis- und ausländerrechtlichen Dokumentenwesen vom 3. Dezember 2020 (BGBl. I S. 2744)
01.01.2021	§ 31	Artikel 5 Arbeitsschutzkontrollgesetz vom 22. Dezember 2020 (BGBl. I S. 3334)
18.03.2021	§ 29	Artikel 1 Gesetz zur Erprobung weiterer elektronischer Verfahren zur Erfüllung der besonderen Meldepflicht in Beherbergungsstätten vom 10. März 2021 (BGBl. I S. 332)
03.04.2021	§ 51	Artikel 4 Gesetz zur Bekämpfung des Rechtsextremismus und der Hasskriminalität vom 30. März 2021 (BGBl. I S. 441)
07.04.2021	§ 56	Artikel 5 Zweites Gesetz zur Änderung des Bundesmeldegesetzes (2. BMGÄndG) vom 15. Januar 2021 (BGBl. I S. 530)
07.04.2021	§ 3, § 6, § 10, § 21, § 23a (neu), § 24, § 27, § 34, § 42, § 51, § 52, § 56	Artikel 1 Zweites Gesetz zur Änderung des Bundesmeldegesetzes (2. BMGÄndG) vom 15. Januar 2021 (BGBl. I S. 530)
01.05.2021	§ 3	Artikel 9 Gesetz zur Stärkung der Sicherheit im Pass-, Ausweis- und ausländerrechtlichen Dokumentenwesen vom 3. Dezember 2020 (BGBl. I S. 2744)
01.05.2021	§ 34	Artikel 4 Registermodernisierungsgesetz (RegMoG) vom 28. März 2021 (BGBl. I S. 591)
01.05.2022	§ 10, § 11, § 13, § 18, § 18a (neu), § 23, § 23a, § 33, § 34, § 34a (neu), § 37, § 38, § 39, § 39a (neu), § 40, § 42, § 49, § 49a (neu), § 53, § 55	Artikel 5 Zweites Gesetz zur Änderung des Bundesmeldegesetzes (2. BMGÄndG) vom 15. Januar 2021 (BGBl. I S. 530)

27.07.2022	§ 3, § 14, § 18a, § 23a, § 24, § 43, § 55, § 56	Artikel 4 Gesetz zur Durchführung der Verordnung (EU) 2021/784 des Europäischen Parlaments und des Rates vom 29. April 2021 zur Bekämpfung der Verbreitung terroristischer Online-Inhalte und zur Änderung weiterer Gesetze vom 21. Juli 2022 (BGBl. I S. 1182)
01.11.2022	§ 3, § 5, § 14, § 38	Artikel 4 Gesetz zur Durchführung der Verordnung (EU) 2021/784 des Europäischen Parlaments und des Rates vom 29. April 2021 zur Bekämpfung der Verbreitung terroristischer Online-Inhalte und zur Änderung weiterer Gesetze vom 21. Juli 2022 (BGBl. I S. 1182)
28.12.2022	§ 34	Artikel 22 Sanktionsdurchsetzungsgesetz II vom 19. Dezember 2022 (BGBl. I S. 2606)
01.05.2023	§ 34a	Artikel 7 Zweites Gesetz zur Änderung des Bundesmeldegesetzes (2. BMGÄndG) vom 15. Januar 2021 (BGBl. I S. 530)

Zukünftige Änderungen:

Datum der Änderung	Geänderte §§	Geändert durch
Offen	§ 3, § 4, § 13, § 17, § 34, § 34a, §38	Artikel 4 Registermodernisierungsgesetz (RegMoG) vom 28. März 2021 (BGBl. I S. 591)

FORUM

Prüfliste

Einfache Melderegisterauskunft an öffentliche und private Stellen

Amt/Meldebehörde: ______________________________

Name des Prüfers: ______________________________

Ort/Datum: ______________________________ , den ______________

Nr.	Prüffragen	Ja	Nein	Anmerkungen
1.	Wird eine einfache Melderegisterauskunft verlangt?	☐	☐	
2.	Lässt sich der Anfrager eindeutig identifizieren?	☐	☐	
3.	Sind die erforderlichen Angaben vorhanden?	☐	☐	Sind die erforderlichen Angaben nicht vollständig vorhanden, ist die Auskunft abzulehnen.
4.	Stimmen die erforderlichen Angaben mit den im Melderegister gespeicherten Daten überein?	☐	☐	
5.	Lässt sich die Identität der gesuchten Person eindeutig bestimmen?	☐	☐	Lässt sich die Identität der gesuchten Person nicht eindeutig bestimmen, erhält der Anfragende eine „neutrale Antwort“.
6.	Liegt die Erklärung des Anfragers vor, dass die angefragten Daten nicht für Werbung oder den Adresshandel verwendet werden?	☐	☐	Gibt der Anfrager diese Erklärung nicht ab, ist die Auskunft abzulehnen.
7.	Ist eine Auskunftssperre (ASP) eingetragen?	☐	☐	Liegt eine ASP vor, richtet sich die Weiterbearbeitung nach § 51 BMG. Dem Anfrager ist eine „neutrale Antwort“ zu erteilen.
8.	Ist ein Sperrvermerk (SpV) eingetragen?	☐	☐	Liegt ein SpV vor, richtet sich die Weiterbearbeitung nach § 52 BMG. Dem Anfrager ist eine „neutrale Antwort“ zu erteilen.
9.	Sollen die Daten für gewerbliche Zwecke verwendet werden (außer Werbung und Adresshandel)?	☐	☐	
10.	Wurde der gewerbliche Zweck angegeben?	☐	☐	Wurde zwar mitgeteilt, dass die Daten für gewerbliche Zwecke verwendet werden sollen, wurde der konkrete Zweck aber nicht mitgeteilt, ist die Auskunft abzulehnen.

Hinweis:

Die Auskunft ist befristet aufzubewahren. Elektronisch übermittelte Daten sind befristet zu speichern. Nach Ablauf der Frist sind sie zu vernichten bzw. zu löschen. Die erledigte Anfrage gegebenenfalls einschließlich eines angegebenen Zwecks soll bis zu einem Jahr, insbesondere zum Zweck der Durchführung von Ordnungswidrigkeitsverfahren sowie für eventuelle Postrückläufe, Nachfragen und den Abschluss der Gebührenerhebung, aufbewahrt und danach vernichtet werden. Statt der Aufbewahrung ist die Speicherung der erforderlichen Daten möglich (Nr. 44.0.2 BMGVwV).

Die neutrale Antwort lautet: „Eine Auskunft kann aus tatsächlichen oder rechtlichen Gründen derzeit nicht erteilt werden.“ (Nr. 44.1.3.3 BMGVwV).

FALLBEISPIELE

Fallbeispiel

Minderjährige (Ausgangsfall)

Rechtsgrundlagen

§ 6 BMG (Richtigkeit und Vollständigkeit des Melderegisters)

§ 17 Abs. 1 BMG (Anmeldung)

§ 17 Abs. 2 BMG (Abmeldung ohne neue Wohnung im Inland)

§ 17 Abs. 3 BMG (An- und Abmeldung von Personen unter 16 Jahren)

§ 21 BMG (Mehrere Wohnungen)

§ 22 BMG (Bestimmung der Hauptwohnung)

§ 23 BMG (Erfüllung der allgemeinen Meldepflicht)

§ 25 BMG (Mitwirkungspflicht der meldepflichtigen Person)

Ausgangsfall

Fall

Vater V und Mutter M sind die Eltern des 15-jährigen Kindes K. Sie ziehen mit K in eine Wohnung im Bezirk der Meldebehörde. M erscheint in der Meldebehörde und meldet sich, V und K an.

Ist das so möglich?

Lösung

Fraglich ist, ob M die Anmeldung auch für V und K vornehmen konnte.

Gemäß. § 17 Abs. 1 BMG hat sich nach dem Einzug bei der Meldebehörde anzumelden, wer eine Wohnung bezieht. Nach diesem Wortlaut ist die Meldepflicht zunächst eine höchstpersönliche Pflicht. Daraus folgt, dass grundsätzlich die anzumeldende Person, hier also der V, persönlich in der Meldebehörde erscheinen und sich anmelden muss.

Das ist auch sachgerecht, denn nach § 23 Abs. 1 Satz 1 BMG hat die meldepflichtige Personen grundsätzlich selbst einen Meldeschein auszufüllen, zu unterschreiben und der Meldebehörde zusammen mit dem Personalausweis, dem vorläufigen Personalausweis, dem Ersatz-Personalausweis, dem anerkannten und gültigen Pass oder Passersatzpapier sowie der Bestätigung des Wohnungsgebers oder dem entsprechenden Zuordnungsmerkmal nach § 19 Abs. 4 Satz 1 BMG vorzulegen.

Allerdings enthält § 23 Abs. 1 Satz 1 BMG selbst eine Einschränkung dahin gehend, dass diese grundsätzliche Verpflichtung nur insoweit besteht, als in § 23 BMG nichts anderes bestimmt ist. Die Frage ist also, ob § 23 BMG eine Abweichung von der vorgeschriebenen, vorstehenden Vorgehensweise erlaubt.

Nach § 23 Abs. 4 Satz 1 BMG sollen Ehegatten, Lebenspartner und Familienangehörige mit denselben Zuzugsdaten (Zuzugsdatum sowie frühere und derzeitige Wohnungen) gemeinsam einen Meldeschein verwenden. Das ist hier der Fall, weil die Familie gemeinsam umgezogen ist.

In diesem Fall genügt gem. § 23 Abs. 4 Satz 2 BMG die Anmeldung durch eine der meldepflichtigen Personen.

M konnte V und K anmelden.

Fallbeispiel

Minderjährige (1)

Rechtsgrundlagen

§ 6 BMG (Richtigkeit und Vollständigkeit des Melderegisters)

§ 17 Abs. 1 BMG (Anmeldung)

§ 17 Abs. 2 BMG (Abmeldung ohne neue Wohnung im Inland)

§ 17 Abs. 3 BMG (An- und Abmeldung von Personen unter 16 Jahren)

§ 21 BMG (Mehrere Wohnungen)

§ 22 BMG (Bestimmung der Hauptwohnung)

§ 23 BMG (Erfüllung der allgemeinen Meldepflicht)

§ 25 BMG (Mitwirkungspflicht der meldepflichtigen Person)

Fall

V und M haben sich kürzlich getrennt. V ist in der Familienwohnung geblieben. M ist mit K in eine Wohnung im Bezirk der Meldebehörde gezogen.

M erscheint in der Meldebehörde und möchte sich und K anmelden.

Geht das?

Lösung

Sich selbst kann M ohne Weiteres gem. § 17 Abs. 1 BMG anmelden.

Fraglich ist aber, ob sie das auch für die K so einfach machen kann.

Nach § 17 Abs. 3 Satz 1 BMG obliegt die Anmeldung von Personen unter 16 Jahren denjenigen, in deren Wohnung die Person unter 16 Jahren einzieht.

Hier bezieht K gemeinsam mit der eine Wohnung. K zieht also in die Wohnung der ein.

Bisher hat K mit beiden Eltern in einer Hauptwohnung gelebt.

Die Anmeldung durch die M allein ist möglich.

Fortsetzung

Der Meldebehörde müsste aber nun auffallen, dass der V sich nicht auch in einer neuen Hauptwohnung anmeldet. Offenbar haben die Eltern sich getrennt und verschiedene Wohnungen bezogen. Daraus entsteht die Frage, ob die Meldebehörde sich auf die Angabe der anmeldenden M verlassen darf.

Nach § 22 Abs. 2 2. HS BMG ist bei getrennt lebenden Eltern die Hauptwohnung des Kindes diejenige von zwei Elternwohnungen, die von dem minderjährigen Einwohner vorwiegend benutzt wird.

Wird ein minderjähriger Einwohner, der bisher mit beiden Eltern in einer Hauptwohnung gelebt hat, von einem Elternteil in eine neue Hauptwohnung angemeldet, ohne dass der andere Sorgeberechtigte sich ebenfalls in die neue Hauptwohnung ummeldet, wenn also offensichtlich eine Trennung stattgefunden hat und von den Eltern zwei unterschiedliche Wohnungen bezogen worden sind, soll sich die Meldebehörde gem. Nr. 22.2 BMGVwV vorab das Einverständnis des anderen Sorgeberechtigten mit der Bestimmung des Hauptwohnsitzes durch den anmeldenden Elternteil, eine schriftliche Vereinbarung der Eltern über den Lebensmittelpunkt des Kindes oder eine familiengerichtliche Entscheidung über die Übertragung des Aufenthaltsbestimmungsrechts auf den anmeldenden Elternteil allein vorlegen lassen. Damit soll eine unvollständige oder unrichtige Eintragung von vornherein ausgeschlossen werden.

Allerdings sieht das Gesetz selbst diese Einschränkung nicht vor. Die vorherige Klärung ist also wünschenswert, für die Eintragung im Melderegister aber nicht konstitutiv.

Dass dieser Punkt hier also nicht aufgeklärt worden ist, macht die allein auf den Angaben der M beruhende Eintragung nicht rechtswidrig. Sie kann erfolgen.

Fallbeispiel

Minderjährige (2)

Rechtsgrundlagen

§ 6 BMG (Richtigkeit und Vollständigkeit des Melderegisters)

§ 17 Abs. 1 BMG (Anmeldung)

§ 17 Abs. 2 BMG (Abmeldung ohne neue Wohnung im Inland)

§ 17 Abs. 3 BMG (An- und Abmeldung von Personen unter 16 Jahren)

§ 21 BMG (Mehrere Wohnungen)

§ 22 BMG (Bestimmung der Hauptwohnung)

§ 23 BMG (Erfüllung der allgemeinen Meldepflicht)

§ 25 BMG (Mitwirkungspflicht der meldepflichtigen Person)

Fall

Wie Fall (1).

M hat K in der neuen, gemeinsamen Wohnung angemeldet.

Jetzt erscheint V in der Meldebehörde. Er behauptet, die Anmeldung auf die Wohnung der M sei unrichtig. Tatsächlich wohne K noch bei ihm. Es gäbe eine großzügige Umgangsregelung, sodass K auch viel Zeit bei M verbringe. Man verstehe sich soweit noch gut. Allerdings verbringe K unter dem Strich mehr Zeit in seinem Haushalt als bei der M. Die Schule liege in der Nähe der bisherigen Familienwohnung. K habe hier seinen Freundeskreis und den Sportverein. Er wolle daher, dass die Anmeldung von K in der Wohnung M zurückgenommen und K korrekterweise bei ihm angemeldet werde.

Was ist zu tun?

Lösung

Zunächst ist zu fragen, ob die Behauptungen des V bei der Meldebehörde irgendeine Handlungspflicht auslösen.

Nach § 21 Abs. 4 Satz 1 BMG hat die meldepflichtige Person der Meldebehörde bei jeder Anmeldung mitzuteilen, welche weiteren Wohnungen im Inland sie hat und welche davon die Hauptwohnung ist.

Hier hat die M es unterlassen, anzumelden, dass K mehrere Wohnungen bewohnt, nämlich nicht nur die der M, sondern wohl auch die des V. Daraus folgt, dass der Meldedatensatz unvollständig sein könnte. Wenn das so wäre, müsste die Meldebehörde den Meldedatensatz gem. § 6 Abs. 1 Satz 1 BMG vervollständigen (fortschreiben).

Nach § 6 Abs. 3 BMG hat die Meldebehörde den Sachverhalt von Amts wegen zu ermitteln, wenn ihr konkrete Anhaltspunkte für die Unrichtigkeit oder Unvollständigkeit des Melderegisters vorliegen.

In diesem Fall liegen konkrete Anhaltspunkte in der Behauptung des V, dass das Kind K überwiegend bei ihm lebt und daher seine Wohnung die Hauptwohnung des K ist.

Folglich hat sich die Meldebehörde die korrekten Meldedaten selbst zu beschaffen. Da es um die Richtigkeit der melderegisterverarbeiteten Daten geht, steht der Meldebehörde konsequenterweise ein Entschließungsermessen nicht zu. Die Ermittlung muss so lange betrieben werden, bis die vollständigen und korrekten Meldedaten festgestellt sind oder sicher ist, dass sich die vollständigen und richtigen Meldedaten nicht ermitteln lassen. Das ist erst dann der Fall, wenn die Ermittlungen ergebnislos geblieben sind und es keine denkbaren Ermittlungsansätze mehr gibt.

Vorliegend stammt der konkrete Anhaltspunkt dafür, dass das Melderegister unvollständig sein könnte, von dem V. Er behauptet, dass K zwei Wohnungen bewohnt und dass darüber hinaus seine Wohnung die Hauptwohnung von K sei. Es ist daher jetzt zu ermitteln, ob K wirklich zwei unterschiedliche Wohnungen bewohnt und welche davon die Hauptwohnung von K ist.

Nach § 25 Nr. 1 BMG hat die meldepflichtige Person auf Verlangen der Meldebehörde die zur ordnungsgemäßen Führung des Melderegisters erforderlichen Auskünfte zu erteilen.

Nach dem Sachverhalt ist in jedem Fall die M die meldepflichtige Person, denn unabhängig davon, ob sie die neubezogene Wohnung für K als alleinige Wohnung, Nebenwohnung oder als Hauptwohnung deklariert, meldet sie K in jedem Fall in einer neuen Wohnung an.

FORUM

03/2024

Folglich ist zunächst die M verpflichtet, auf Verlangen der Meldebehörde die nun erforderlichen Auskünfte zu erteilen. Auf Anfrage der Meldebehörde hat also die M darzulegen,

a) dass K bei ihr eingezogen ist und

b) dass K nicht die Wohnung des V benutzt bzw.

c) dass K die Wohnung des V nicht überwiegend benutzt.

Da hier unterschiedliche Behauptungen gegeneinanderstehen, dürfte es nicht ausreichend sein, sich auf bloße Aussagen der M zu verlassen. Nach Ansicht des Autors müsste die M jedenfalls aufgefordert werden, ihre Angaben mit geeigneten Mitteln glaubhaft zu machen. Denkbar ist es auch, die M gem. § 25 Nr. 3 BMG einzubestellen und zu der konkreten Wohnsituation, der Trennung und den bezüglich des Kindes getroffenen Arrangements zu befragen. In dem Fall wäre es nach Ansicht des Autors nicht nur sachgerecht, sondern auch nötig, dasselbe auch mit dem V zu machen. Im Idealfall lassen sich aus den Antworten auf die Fragen auch die Antworten auf die oben unter a) bis c) gestellten Fragen ableiten.

Fortsetzung des Falles

Die Befragung des V und der M ergibt, dass sie ein paritätisches Wechselmodell leben. Das Kind K verbringt ziemlich genau 50 % der Woche bei V und ebenso ziemlich genau 50 % bei M. Die Wohnungen der Eltern liegen ca. 10 Minuten mit dem Fahrrad (ca. 2 km) voneinander entfernt. Die Schule und die Wohnorte der meisten Freunde liegen günstiger zur bisherigen Familienwohnung. Der Sportverein von K liegt günstiger zur Wohnung der M. Die Verwandtschaft ist gleichmäßig zu beiden Wohnungen im Gemeindegebiet verteilt.

Wie ist nun zu entscheiden?

Lösung

Nach § 21 Abs. 2 BMG ist die vorwiegend benutzte Wohnung des Einwohners die Hauptwohnung. Nach § 22 Abs. 2 BMG ist die Hauptwohnung eines Minderjährigen (unter 16 Jahren) bei getrennt lebenden Sorgeberechtigten die Wohnung, die von dem Minderjährigen vorwiegend benutzt wird.

Es kommt also darauf an, ob anhand objektiver Kriterien festgestellt werden kann, welche Wohnung von K vorwiegend benutzt wird. Dazu sind die zeitlichen Anteile festzustellen, zu denen sich K in den beiden Wohnungen aufhält. Dazu ist rein quantitativ (im Zweifel minutengenau) festzustellen, wo sich der Minderjährige überwiegend aufhält. Das haben die meldepflichtigen Personen glaubhaft zu machen, § 25 BMG.

Lässt sich in einem echten paritätischen Wechselmodell nicht bestimmen, welche Wohnung vorwiegend von dem Minderjährigen benutzt wird, ist nach § 22 Abs. 3 BMG zu bestimmen, wo der Schwerpunkt der Lebensbeziehungen des Minderjährigen liegt.

Bei dieser Prüfung ist es sachgerecht und sogar nötig, auf die Aufenthaltsqualität abzustellen. Anhaltspunkte für den Schwerpunkt der Lebensbeziehungen sind z. B. die Länge des Schulweges, der Wohnort der Freunde, die Orte der Freizeitgestaltung, Bindungen zu anderen Familienmitgliedern (Geschwister, Großeltern, Onkel und Tanten) oder Mitgliedschaften in Vereinen. Diese Kriterien können und müssen zudem noch gewichtet werden. Anhaltspunkte dafür können die zu erfragenden Präferenzen des Minderjährigen K selbst ergeben.

Vorliegend liegt die Wohnung des V günstiger zur Schule und zu den wesentlichen außerfamiliären Bezugspersonen des Kindes K. Der Freizeitsportverein fällt dagegen nicht so sehr ins Gewicht.

Der Schwerpunkt der Lebensbeziehungen liegt daher nach wertender Erkenntnis der Meldebehörde eher in der bisherigen Familienwohnung, die von V weiter bewohnt wird.

Endergebnis

Der Melderegistereintrag ist auf die Beschwerde des V dahin gehend zu ändern, dass nicht die neue Wohnung der M, sondern die bisherige Familienwohnung die Hauptwohnung des Kindes K ist.

Fallbeispiel

Minderjährige (3)

Rechtsgrundlagen

§ 6 BMG (Richtigkeit und Vollständigkeit des Melderegisters)

§ 17 Abs. 1 BMG (Anmeldung)

§ 17 Abs. 2 BMG (Abmeldung ohne neue Wohnung im Inland)

§ 17 Abs. 3 BMG (An- und Abmeldung von Personen unter 16 Jahren)

§ 21 BMG (Mehrere Wohnungen)

§ 22 BMG (Bestimmung der Hauptwohnung)

§ 23 BMG (Erfüllung der allgemeinen Meldepflicht)

§ 25 BMG (Mitwirkungspflicht der meldepflichtigen Person)

Fall

Wie Fall (2). K ist mit Hauptwohnung bei V gemeldet. Die Eltern leben ein paritätisches Wechselmodell.

K ist inzwischen 16 Jahre alt geworden. Das mit Hauptwohnung bei V gemeldete Kind erscheint nun selbst in der Meldebehörde und meldet sich mit Hauptwohnung in der Wohnung der M an.

Geht das?

Lösung

Fraglich ist, ob ein Minderjähriger sich mit Vollendung des 16. Lebensjahres selbst anmelden kann.

Nach § 17 Abs. 3 Satz 1 BMG obliegt die Anmeldung von Minderjährigen demjenigen, in dessen Wohnung der Minderjährige einzieht, nur bei Minderjährigen unter 16 Jahren. Von der Vollendung des 16. Lebensjahres bis zur Volljährigkeit üben auch Minderjährige ihre Meldepflicht persönlich aus.

K kann sich somit selbst in der Wohnung der M anmelden.

Variante

Als V davon erfährt, nimmt er Kontakt mit der Meldebehörde auf und verlangt eine Berichtigung des Meldedatensatzes dahingehend, dass seine Wohnung wieder Hauptwohnung des Kindes K ist.

Und nun?

Lösung

Fraglich ist, ob V eine Berichtigung des Melderegisters überhaupt verlangen kann.

Das Gesetz gibt Minderjährigen mit Vollendung des 16. Lebensjahres die uneingeschränkte Kompetenz, selbst Erklärungen zum Melderegister abzugeben und so auch Haupt- und Nebenwohnung selbst zu bestimmen.

Die Grenze setzt allein § 21 Abs 2 und 3 i. V. m. § 22 Abs. 2 und 3 BMG. Danach ist die Hauptwohnung eines minderjährigen Einwohners die Familienwohnung, bei getrennt lebenden Eltern die Wohnung des Elternteils, die auch der Minderjährige vorwiegend genutzt wird.

Auch der 16-jährige Minderjährige meldet sich also grundsätzlich nach § 17 Abs. 1 BMG bei der Meldebehörde an. Es darf – wenn keine gegenteiligen Anhaltspunkte vorliegen – unproblematisch angenommen werden, dass die angemeldete Hauptwohnung auch die Hauptwohnung ist, wenn dort ein sorgeberechtigter Elternteil ebenfalls wohnt. Zwar muss die Anmeldung auf Plausibilität geprüft werden. Die Anforderungen daran dürfen aus Gründen der Praktikabilität aber nicht überspannt werden, solange nicht konkrete Anhaltspunkte dafür gegeben sind, dass die Angabe der Hauptwohnung unrichtig sein könnte.

Konsequenterweise können dann auch Personensorgeberechtigte, gegen deren Willen der Minderjährige ausgezogen ist oder die vorwiegende Benutzung einer elterlichen Wohnung verlagert hat, keine Berichtigung des Melderegisters verlangen (Nr. 17.3 BMGVwV).

Eine Berichtigung des Melderegisters findet also nicht statt.

Bestimmung der Hauptwohnung

Die Bestimmung der Hauptwohnung erfolgt anhand des im Gesetz aufgestellten Kriteriums (vorwiegende Benutzung). Das eröffnet der Meldebehörde einen Beurteilungsspielraum. Kommt sie dann aber zu der Beurteilung, dass eine bestimmte Wohnung die Merkmale einer Hauptwohnung, wie sie das Gesetz aufstellt, erfüllt, tritt diese Rechtsfolge („Hauptwohnung ist …") kraft Gesetzes ein. Der Meldebehörde steht insofern kein Ermessen zu.

Die Feststellung, welche Wohnung die Hauptwohnung ist, ist daher auch nicht konstitutiv. Die Entscheidung der Meldebehörde, die so bestimmte Wohnung als Hauptwohnung in den Meldedatensatz einzutragen, stellt nur noch fest, was von Rechts wegen schon eingetreten ist (deklaratorischer Verwaltungsakt).

Fallbeispiel

Haupt- und Nebenwohnung (Ausgangsfall)

Rechtsgrundlagen

§ 17 BMG (Anmeldung, Abmeldung)

§ 20 BMG (Begriff der Wohnung)

§ 21 BMG (Mehrere Wohnungen)

§ 22 MBG (Bestimmung der Hauptwohnung)

Ausgangsfall

Grundfall

Herr V zieht in die Gemeinde und meldet die frisch bezogene Wohnung als alleinige Wohnung an. Einen anderen Wohnsitz hat er seiner Angabe nach nicht.

Lösung

Wer eine Wohnung bezieht, hat dies der Meldebehörde anzumelden, § 17 Abs. 1 BMG. Nach § 21 Abs. 4 Satz 1 BMG hat die meldepflichtige Person auch anzugeben, ob sie weitere Wohnungen im Inland hat. Hauptwohnung ist nach § 21 Abs. 2 BMG die vorwiegend benutzte Wohnung des Einwohners.

Hier kommt Herr V seiner Meldepflicht vollständig nach, indem er auch angibt, über keine weiteren Wohnungen im Inland zu verfügen. Damit ist die alleinige Wohnung automatisch Hauptwohnung, weil dies die vorwiegend, nämlich ausschließlich benutzte Wohnung des Einwohners ist.

Notizen:

Fallbeispiel

Haupt- und Nebenwohnung (1)

Rechtsgrundlagen

§ 17 BMG (Anmeldung, Abmeldung)

§ 20 BMG (Begriff der Wohnung)

§ 21 BMG (Mehrere Wohnungen)

§ 22 MBG (Bestimmung der Hauptwohnung)

Fall

Wie Ausgangsfall.

Herr V gibt an, er habe keine Wohnung finden können. Er sei aber passionierter Camper und habe schon viele schöne Reisen mit seinem Zelt gemacht. Deshalb habe er sich nun entschlossen, in seinem Zelt zu übernachten, das er auf einem Campingplatz aufgestellt habe. Dort dürfe er so lange bleiben, bis er eine andere Wohnung gefunden habe.

Im Melderegister findet sich kein anderer Eintrag zu Herrn V.

Lösung

Fraglich ist hier, ob es sich bei einem Zelt überhaupt um eine Wohnung handelt, denn nur dann müsste Herr V den Einzug anmelden (§ 17 Abs. 1 BMG).

Eine Wohnung ist nach der Legaldefinition des § 20 Abs. 1 BMG jeder umschlossene Raum, der zum Wohnen oder Schlafen benutzt wird. Damit ist der Wohnungsbegriff bewusst sehr weitreichend definiert, um eine möglichst vollständige Erfassung der Einwohner zu erreichen. Auf die Größe oder Beschaffenheit der Wohnung kommt es nicht an.

Ein Zelt ist ein umschlossener Raum. Es wird im konkreten Fall auch mindestens zum Schlafen genutzt wird.

Fraglich ist weiter, ob ein Zelt als Wohnung gelten kann, obwohl es seiner abstrakten Zweckbestimmung nach mobil ist. Denn Wohnwagen und Wohnschiffe, die auch ihrem Wesen nach mobil sind, sind gem. § 20 Satz 3 BMG nur dann als Wohnungen anzusehen, wenn sie nicht oder nur gelegentlich fortbewegt werden.

Teilweise wird die Ansicht vertreten, Zelte könnten grundsätzlich keine Wohnungen sein. Sie seien gerade dadurch gekennzeichnet, dass sie nicht dauerhaft an einem Ort aufgestellt und dauerhaft bewohnt werden sollen. Das unterscheide sie auch von den in § 20 Satz 3 BMG ausdrücklich genannten Wohnwagen und Wohnschiffen, bei denen es möglich und auch nicht unüblich sei, sie nicht oder nur gelegentlich fortzubewegen. Hätte der Gesetzgeber Zelte den ebenfalls mobilen Wohnwagen und Wohnschiffen gleichstellen wollen, hätte er Zelte im § 20 Satz 3 BMG erwähnt.

Diese Ansicht überzeugt nicht. Abgesehen davon, dass Zelte unter die Legaldefinition subsumiert werden können, werden sie in § 29 Abs. 4 Satz 1 BMG ausdrücklich neben Wohnmobilen, Wohnwagen oder Wasserfahrzeugen erwähnt. Diese Norm befreit Personen, die auf Campingplätzen oder in Yachthäfen übernachten, grundsätzlich von der allgemeinen Meldepflicht. Das ergibt nur Sinn, wenn ein Zelt grundsätzlich eine meldepflichtige Wohnung sein kann.

Wenn jedoch die Übernachtung in einem Zelt, das auf einem Campingplatz aufgestellt ist, gem. § 29 Abs. 4 Satz 1 BMG unter bestimmten Umständen nicht der allgemeinen Meldepflicht unterliegt, stellt sich weiterhin die Frage, ob diese Ausnahme auch auf Herrn V zutrifft.

Nach § 29 Abs. 4 Satz 1 BMG hängt die Ausnahme von der allgemeinen Meldepflicht nach § 17 Abs. 1 BMG davon ab, dass die meldepflichtige Person im Inland an einem anderen Wohnort angemeldet ist, und zwar entweder infolge der allgemeinen Meldeverpflichtung aus § 17 BMG oder aufgrund der besonderen Meldeverpflichtung für Binnenschiffer und Seeleute nach § 28 BMG.

Herr V verfügt nicht über eine andere Wohnung und ist nicht andernorts angemeldet. Die Ausnahme des § 29 Abs. 4 Satz 1 BMG ist auf ihn nicht anwendbar. Er ist meldepflichtig nach § 17 Abs. 1 BMG.

Folglich handelt es sich bei dem von Herrn V genutzten Zelt um eine anmeldefähige und anmeldepflichtige Wohnung.

Fallbeispiel

Haupt- und Nebenwohnung (2)

Rechtsgrundlagen

§ 17 BMG (Anmeldung, Abmeldung)

§ 20 BMG (Begriff der Wohnung)

§ 21 BMG (Mehrere Wohnungen)

§ 22 MBG (Bestimmung der Hauptwohnung)

Fall

Herr V meldet sich mit einer Mietwohnung an. Er arbeitet in einer 400 km entfernten Großstadt. Auf dem Meldebogen gibt Herr V an, dass die in der Gemeinde angemeldete Wohnung seine Hauptwohnung sei. In der Großstadt habe er eine Nebenwohnung, die er nur zum Schlafen aufsuche. Seine Eltern lebten in der Gemeinde. Er habe hier seine Freunde und sei Mitglied im örtlichen Fußballclub.

Lösung

Hat ein Einwohner mehrere Wohnungen im Inland, so ist eine dieser Wohnungen nach § 21 Abs. 1 BMG seine Hauptwohnung.

Herr V hat angegeben, dass die im Bezirk der Meldebehörde liegende Wohnung seine Hauptwohnung sei. Aber ist das auch so?

Gemäß § 21 Abs. 2 BMG ist die vorwiegend benutzte Wohnung des Einwohners seine Hauptwohnung. Die Bestimmung der Hauptwohnung ist also anhand eines objektiven Kriteriums (vorwiegende Benutzung) zu bestimmen. Sie liegt nicht im Belieben des Einwohners.

Für die Feststellung der Hauptwohnung ist entscheidend, welche von mehreren Wohnungen vorwiegend benutzt wird.

Fraglich ist daher, welche von den beiden Wohnungen Herr V vorwiegend benutzt.

Entscheidend ist hierbei die Antwort auf die Frage, wo sich Herr V überwiegend aufhält. Das ist danach zu bestimmen, an welchem Ort der Einwohner den überwiegenden Teil seiner Zeit verbringt. Das ist ein messbares und daher objektivierbares Kriterium.

Wenn es – wie hier – keine messbaren Daten gibt, hat die Meldebehörde eine Prognose darüber anzustellen, an welchem Ort der Einwohner sich voraussichtlich überwiegend aufhalten wird. Auszugehen ist dabei von einem typischen Verlauf, also von einer Verhaltensweise des Einwohners, die ein beliebiger Durchschnittsmensch in vergleichbarer Lage aller Wahrscheinlichkeit zeigen würde.

Bei einer Entfernung von 400 km zum Arbeitsplatz ist nach den Regeln der Wahrscheinlichkeit davon auszugehen, dass Herr V 220 Arbeitstage (bei einer 5-Tage-Woche) am Ort seines Arbeitsplatzes verbringen wird. Das sind ca. 60 % des Jahres. Maßgeblich ist eine rein quantitative Bewertung. Eine Gewichtung der Aufenthaltszeiten, etwa durch die Bildung von prägenden und nicht prägenden Vergleichszeiträumen (Mitgliedschaft im Fußballclub, Verwandtschaften, Freundeskreis), findet nicht statt.

Daraus folgt, dass die in der Großstadt liegende Wohnung die vorwiegend benutzte Wohnung und damit die Hauptwohnung ist.

Der Einwohner kann dieser Feststellung entgegentreten, indem er Umstände glaubhaft macht, die die rein quantitative Bewertung ändern.

Fallbeispiel

Haupt- und Nebenwohnung (3)

Rechtsgrundlagen

§ 17 BMG (Anmeldung, Abmeldung)

§ 20 BMG (Begriff der Wohnung)

§ 21 BMG (Mehrere Wohnungen)

§ 22 MBG (Bestimmung der Hauptwohnung)

Fall

Wie Fall (2).

Herr V trägt vor, dass er in der Wohnung in der Großstadt ja nur schlafe. Den überwiegenden Teil des Tages verbringe er an seinem Arbeitsplatz. Er ist der Meinung, dass dies kein Aufenthalt in der Wohnung ist und deshalb bei der Feststellung, welche Wohnung vorwiegend benutzt werde, nicht berücksichtigt werden dürfe.

Lösung

Wie schon erwähnt, ist nach § 21 Abs. 2 BMG die Hauptwohnung diejenige Wohnung, die vorwiegend benutzt wird. Wie ebenfalls schon erwähnt, ist die Bewertung rein quantitativ vorzunehmen.

Fraglich ist nun, welche Zeiträume bei der Bewertung der Benutzung der Wohnung zählen, insbesondere, ob nur der reine Aufenthalt in der Wohnung selbst für die Bewertung herangezogen werden kann.

Maßgebend für diese Bewertung ist nicht der Aufenthalt in der Wohnung, sondern der Aufenthalt an dem Ort, in dem sich die Wohnung befindet. Alles andere wäre gar nicht vernünftig messbar. Auf die Aufenthaltszeiten in der Wohnung selbst kommt es daher grundsätzlich nicht an. Auf sie ist nur dann abzustellen, wenn sich beide Wohnungen (Hauptwohnung und Nebenwohnung) an demselben Ort befinden und damit in dem Bezirk derselben Meldebehörde fallen.

Wird eine Wohnung in der Nähe des Arbeitsplatzes, aber in einer Nachbargemeinde genommen, so sind die Aufenthaltszeiten am Ort des Arbeitsplatzes dem Ort der Wohnung zuzurechnen. Das gilt erst recht, wenn der Arbeitsplatz ebenfalls im Bezirk der zuständigen Meldebehörde liegt. Eine Unterscheidung zwischen Aufenthaltszeiten in der Wohnung selbst und am Arbeitsplatz findet daher nicht statt. Arbeitstage sind daher grundsätzlich dem Ort der Arbeitsstätte zuzuordnen. Das gilt nur dann ausnahmsweise nicht, wenn die meldepflichtige Person im Einzelfall konkret nachweisen kann, dass sie sich zum Beispiel an einem Reisetag (üblicherweise an einem Freitag) doch überwiegend an einem anderen Ort als dem Arbeitsort aufgehalten hat. Ob das der Fall ist, ist im Zweifel nach einer minutengenauen Berechnung für diesen konkreten Tag zu bestimmen. Dabei hat die meldepflichtige Person die Umstände glaubhaft zu machen, aus denen sich die Abweichung von der Regelvermutung ergibt. Das ist sehr aufwendig und gelingt in der Regel nicht. Die Reisezeit vom Arbeitsort zum anderen Wohnort ist weder dem einen noch dem anderen Ort zuzurechnen.

Werktage sind daher vollständig der Wohnung in der Großstadt zuzurechnen.

Die Wohnung in der Großstadt ist auch nach dieser Bewertung die Hauptwohnung.

Fallbeispiel

Haupt- und Nebenwohnung (4)

Rechtsgrundlagen

§ 17 BMG (Anmeldung, Abmeldung)

§ 20 BMG (Begriff der Wohnung)

§ 21 BMG (Mehrere Wohnungen)

§ 22 MBG (Bestimmung der Hauptwohnung)

Fall

Wie Fall (3).

Herr V legt bei der Anmeldung eine Heiratsurkunde vor. Er zieht nun in die Wohnung seiner Ehefrau ein. Sie hat schon immer im Bezirk der Meldebehörde gelebt und geht hier auch einer Erwerbstätigkeit nach. Die Eheschließung ist gerade einmal eine Woche her.

Lösung

Wie festgestellt, ist die vorwiegend benutzte Wohnung von Herrn V in der Großstadt.

Fraglich ist nun, ob der Umstand, dass er verheiratet ist und in die Wohnung seiner Ehefrau einzieht, an dieser Bewertung etwas ändert.

Nach § 22 Abs. 1 BMG ist die Hauptwohnung eines Verheirateten, der nicht dauernd getrennt von seiner Familie lebt, die vorwiegend benutzte Wohnung der Familie.

Es kommt also darauf an, wo das Familienleben stattfindet.

Eine Familie in diesem Sinne setzt keine Kinder voraus. Auch eine kinderlose Ehe oder eine Lebenspartnerschaft, die ebenfalls in § 22 Abs. 1 BMG ausdrücklich erwähnt ist, ist völlig ausreichen, um diesen Begriff auszufüllen. Es kommt also darauf an, wo die Ehegatten gemeinsame Zeit verbringen und welche Wohnung sie letztlich gemeinsam bewohnen.

Objektiv betrachtet findet das Familienleben im Bezirk der Meldebehörde statt. Hier liegt die Wohnung, in der beide Ehegatten miteinander wohnen, auch wenn sie sich nur am Wochenende sehen.

Sie leben nicht dauernd getrennt, denn dies ist letztlich ein familienrechtlicher Begriff. Er bedeutet, dass die Ehegatten ihre Lebensbereiche voneinander trennen, um eine wirtschaftliche Abwicklung der Ehe zu ermöglichen. Hier liegt genau das Gegenteil vor. Die Ehe wurde gerade erst geschlossen und die Ehegatten beginnen gerade, sich ein gemeinsames Leben aufzubauen. Dazu haben sie eine gemeinsame Wohnung bezogen, in der sie ihre Ehe leben und entwickeln.

Eine räumliche Trennung während der Arbeitswoche aus beruflichen Gründen – wie hier – führt gerade nicht zu einer dauernden Trennung in diesem Sinne.

Außerdem hat Herr V auch seine sozialen Beziehungen im Bezirk der Meldebehörde, was ebenfalls dafür spricht (hier dann doch), dass sich das Eheleben in dieser Wohnung als die vorwiegend benutzte Wohnung der Familien und damit im Bezirk der Meldebehörde abspielt.

Hier lässt sich schon nach § 22 Abs. 1 BMG, die angemeldete Wohnung als Hauptwohnung qualifizieren.

Nach § 22 Abs. 3 BMG könnte in diesem Fall auch auf den Schwerpunkt der Lebensbeziehungen des Einwohners abgestellt werden.

Die angemeldete Wohnung ist Hauptwohnung.

Fallbeispiel

Haupt- und Nebenwohnung (5)

Rechtsgrundlagen

§ 17 BMG (Anmeldung, Abmeldung)

§ 20 BMG (Begriff der Wohnung)

§ 21 BMG (Mehrere Wohnungen)

§ 22 MBG (Bestimmung der Hauptwohnung)

Fall

Wie Fall (4).

Herr und Frau V haben sich getrennt. Herr V hat seine Arbeit in der Großstadt aufgegeben und sich eine Wohnung im Ort genommen. Frau V und Tochter V sind in der bisherigen Familienwohnung geblieben.

Herr V erscheint in der Meldebehörde, um seine neue Hauptwohnung anzumelden. Gleichzeitig meldet er seine Tochter in seiner Hauptwohnung an.

Geht das?

Lösung

Fraglich ist zunächst, welches die Hauptwohnung der Minderjährigen ist.

Nach § 22 Abs. 2 1. HS BMG ist die Hauptwohnung eines minderjährigen Einwohners die vorwiegend benutzte Wohnung der Personensorgeberechtigten.

Mit Personensorgeberechtigten sind die Inhaber des Sorgerechts, soweit es die Personensorge betrifft, gemeint. Personensorgeberechtigte ist, wem allein oder gemeinsam mit einem anderen nach den Vorschriften des BGB die Personensorge zusteht, also das Recht und die Pflicht, für die Person des Kindes zu sorgen, insbesondere es zu pflegen, zu erziehen, zu beaufsichtigen und seinen Aufenthalt zu bestimmen (vgl. im Einzelnen §§ 1626 Abs. 1, 1631 Abs. 1, 1672 Abs. 2, 1678 Abs. 2, 1680 Abs. 2 und 3, 1741 Abs. 2 Satz 2 und 3, 1754 Abs. 1, 1773 und 1793 BGB). Das sind unter normalen Umständen die Eltern.

Da dies in der Regel zwei Personen sind, stellt sich die Frage, ob auch ein Sorgeberechtigter allein die Anmeldung eines Minderjährigen vornehmen kann.

Nach § 17 Abs. 3 Satz 1 BMG obliegt die Anmeldung für Personen unter 16 Jahren denjenigen, in deren Wohnung die Person unter 16 Jahren einzieht.

Aus Gründen der Praktikabilität bedarf es bei der Anmeldung einer minderjährigen Person bei einem gemeinsamen Sorgerecht der Eltern nicht der Unterschriften beider Elternteile auf dem Meldeschein. Das gilt auch dann, wenn die Eltern getrennt leben. Die Meldebehörde ist nicht verpflichtet und nach Erachten des Autors auch gar nicht in der Lage, zu prüfen, welchem Elternteil das auf das Bestimmungsrecht obliegt. Daher sind bei der Erfüllung der Meldepflicht nach § 17 Abs. 3 BMG Personensorge rechtliche Erwägungen unbeachtlich.

Herr V kann daher seine Tochter allein und ohne Beteiligung der Mutter an seinem Wohnsitz anmelden.

Die Meldebehörde hat diese Anmeldung entgegenzunehmen und grundsätzlich wie angemeldet einzutragen. Das gilt jedenfalls so lange, wie keine begründeten (!) Zweifel daran bestehen, dass die angemeldete Hauptwohnung des minderjährigen Einwohners auch tatsächlich seine Hauptwohnung im Sinne des Melderechts ist.

Bestehen solche begründeten (!) Zweifel, muss die Meldebehörde gem. § 22 Abs. 2 BMG eine Prüfung zur Bestimmung der Hauptwohnung durchführen.

Begründete Zweifel bestehen nur dann, wenn es objektive Anhaltspunkte (die namhaft und aktenkundig zu machen sind) dafür gibt, dass die angemeldete Hauptwohnung des minderjährigen Einwohners mit überwiegender Wahrscheinlichkeit nicht die Hauptwohnung sein kann.

Hauptwohnung eines minderjährigen Einwohners ist – wie oben schon erwähnt – die vorwiegend benutzte Wohnung der Personensorgeberechtigten. Hier gibt es aber keine gemeinsame und damit vorwiegend benutzte Wohnung der Personensorgeberechtigten mehr. Die Eltern haben sich getrennt.

Nach § 22 Abs. 2 2. HS BMG ist Hauptwohnung des minderjährigen Einwohners bei getrennt lebenden Sorgeberechtigten die Wohnung desjenigen Sorgeberechtigten, die von dem minderjährigen Einwohner vorwiegend benutzt wird. Hier wird also nicht mehr auf die vorwiegende Benutzung durch die Sorgeberechtigten, sondern auf die vorwiegende Benutzung durch den minderjährigen abgestellt.

Im vorliegenden Fall ist die Tochter bei ihrer Mutter in der bisherigen Familienwohnung geblieben. Dies ist die vorwiegend benutzte Wohnung der Tochter.

Die Wohnung des Herrn V ist nicht die Hauptwohnung der Tochter. Seine Wohnung ist nicht als Hauptwohnung einzutragen.

Fallbeispiel

Haupt- und Nebenwohnung (6)

Rechtsgrundlagen

§ 17 BMG (Anmeldung, Abmeldung)

§ 20 BMG (Begriff der Wohnung)

§ 21 BMG (Mehrere Wohnungen)

§ 22 MBG (Bestimmung der Hauptwohnung)

Fall

Wie Fall (5).

Die Tochter V ist nun 16 Jahre alt. Sie hat sich mit ihrer Mutter überworfen und zieht bei ihrem Vater ein. Sie meldet sich unter seiner Adresse bei der Meldebehörde an. Die Wohnung des Vaters wird als (alleinige) Hauptwohnung der Tochter eingetragen.

Damit ist die Mutter V nicht einverstanden. Sie beantragt als Personensorgeberechtigte bezüglich der Anschrift der Tochter eine Berichtigung des Melderegisters nach § 12 BMG mit dem Argument, dass die Tochter ihre Hauptwohnung immer noch bei ihr habe.

Wie ist damit umzugehen?

Lösung

Fraglich ist schon, ob die Mutter die Berichtigung des Melderegistereintrags verlangen kann.

Nach § 12 Satz 1 BMG hat die Meldebehörde auf Antrag der betroffenen Person die Meldedaten zu berichtigen. Für Minderjährige übt eine personensorgeberechtigte Person dieses Recht aus. Das gilt wegen § 17 Abs. 3 BMG aber nur für Minderjährige unter 16 Jahren. Ab Vollendung des 16. Lebensjahres üben die Minderjährigen die Meldepflicht persönlich aus.

Personensorgeberechtigte können deshalb auch dann keine Berichtigung des Melderegisters verlangen, wenn diese Minderjährigen gegen ihren Willen ausgezogen sind.

Die Mutter kann keine Berichtigung des Melderegisters verlangen.

Im Übrigen ist es wohl auch so, dass die Wohnung des Vaters tatsächlich zur Hauptwohnung der Tochter geworden ist, weil seine Wohnung von ihr vorwiegend benutzt wird (§ 22 Abs. 2 2. HS BMG).

Fallbeispiel

Bedingter Sperrvermerk (Ausgangsfall)

Rechtsgrundlage

§ 52 BMG (Bedingter Sperrvermerk)

Nr. 52 BMGVwV

Anlage 16 zur BMGVwV

Fall

Frau F ist verheiratet und hat drei Kinder im Alter von drei bis sieben Jahren. Sie wird regelmäßig von ihrem Ehemann misshandelt. Das geschieht oft auch vor den Augen der Kinder. Die beiden ältesten Kinder zeigen in der Schule bzw. im Kindergarten Verhaltensauffälligkeiten, die auch schon das Jugendamt auf den Plan gerufen haben.

Nach einem längeren Gespräch mit einer Mitarbeiterin des Jugendamtes anlässlich eines Hausbesuchs in Abwesenheit des Ehemannes entschließt sich Frau F spontan, mit ihren Kindern in ein Frauenhaus zu ziehen. Als Herr F von der Arbeit kommt, sind sie und die Kinder weg.

Frau F meldet sich am nächsten Tag bei der Meldebehörde an der Adresse des Frauenhauses an.

Wie ist zu verfahren?

Lösung

Fraglich ist, ob ein bedingter Sperrvermerk (SpV) bei den Meldedaten von Frau F und den Kindern einzutragen ist.

Nach § 52 Abs. 1 Nr. 2 BMG richtet die Meldebehörde einen bedingten Sperrvermerk für derzeitige Anschriften der Person ein, die nach Kenntnis der Meldebehörde in einer Einrichtung zum Schutz vor häuslicher Gewalt wohnhaft gemeldet ist.

Frau F hat sich an der Anschrift des Frauenhauses angemeldet. Die Mitarbeiterinnen und Mitarbeiter der Meldebehörde kennen diese Adresse und wissen, was sich dahinter verbirgt. Sie haben demnach Kenntnis davon, dass Frau F mit ihren Kindern in einer Einrichtung zum Schutz vor häuslicher Gewalt wohnt.

Die unmittelbare, im Gesetz angeordnete Rechtsfolge ist, dass für die Anschrift des Frauenhauses (derzeitige Adresse) im Meldedatensatz der Frau F ein bedingter Sperrvermerk eingetragen wird („richtet … ein“). Der Meldebehörde steht insoweit auch kein Ermessen zu. Die Anordnung ist klar.

Das bedeutet zugleich, dass die Eintragung des SpV keines Antrages bedarf.

Um welche Person es sich handelt, die misshandelte Frau oder ihre bisher keiner physischen Gewalt ausgesetzten Kinder, kommt es nicht an.

Fallbeispiel

Bedingter Sperrvermerk (1)

Rechtsgrundlage

§ 52 BMG (Bedingter Sperrvermerk)

Nr. 52 BMGVwV

Anlage 16 zur BMGVwV

Fall

Wie Ausgangsfall.

Herr F möchte wissen, wo seine Kinder sind. Er beantragt eine Melderegisterauskunft über seine Frau.

Wie ist zu verfahren?

Lösung

Fraglich ist, ob bzw. welche Auskunft Herrn F erteilt werden kann.

Nach § 44 Abs. 1 BMG kann eine Person zu einer anderen Person eine einfache Melderegisterauskunft verlangen. Einfach ist die Melderegisterauskunft deswegen, weil sie sich nur auf den Familiennamen, Vornamen, einen Doktorgrad und derzeitige Anschriften sowie, sofern die Person verstorben ist, diese Tatsache bezieht.

Die Erteilung einer einfachen Melderegisterauskunft ist gem. § 44 Abs. 3 BMG nur zulässig, wenn die Identität der auskunftsersuchenden Person geklärt ist und eine Erklärung vorliegt, dass die Daten nicht für Zwecke der Werbung oder des Adresshandels verwendet werden. In diesem Fall gehen wir mal davon aus, dass Herr F seine Identität nachgewiesen hat und auch die Erklärung abgegeben hat.

Eigentlich wäre demnach die einfache Melderegisterauskunft zu erteilen.

Es fragt sich nun aber, welche Auswirkungen der eingetragene bedingte Sperrvermerk nach § 52 Abs. 1 Nr. 2 BMG auf das weitere Verfahren hat.

Nach § 52 Abs. 2 Satz 1 BMG darf bei einem bedingten Sperrvermerk eine Melderegisterauskunft nur erteilt werden, wenn eine Beeinträchtigung schutzwürdiger Interessen ausgeschlossen werden kann. Umgekehrt heißt das, dass die Melderegisterauskunft nicht erfolgen darf, wenn die Meldebehörde eine Beeinträchtigung dieser schutzwürdigen Interessen nicht ausschließen kann.

Was diese schutzwürdigen Interessen sein können, lässt sich aus der Aufzählung in § 52 Abs. 1 BMG ableiten. So liegt ein schutzwürdiges Interesse sicherlich in dem Schutz vor häuslicher Gewalt. Zwar hat die Meldebehörde keine positive Kenntnis davon, ob es tatsächlich zu häuslicher Gewalt gekommen ist. Sie hat nur das Wort der meldepflichtigen Person, zu deren Gunsten der Sperrvermerk eingetragen worden ist. Allerdings darf wohl angenommen werden, dass Frauen nicht nur so zum Spaß mit ihren Kindern in ein kleines Zimmer in einem Frauenhaus ziehen und all die Einschränkungen in Kauf nehmen, die damit verbunden sind. Der Einzug in ein Frauenhaus ist daher ein starkes Indiz dafür, dass es zu häuslicher Gewalt gekommen ist. Und es ist auch nicht auszuschließen, dass es erneut zu häuslicher Gewalt kommen wird, wenn es bereits zu häuslicher Gewalt gekommen ist. Das entspricht nicht zuletzt der Lebenserfahrung.

Kommt die Meldebehörde also bei wertender Betrachtung zu dem Ergebnis, dass eine Beeinträchtigung schutzwürdiger Interessen für Frau F nicht ausgeschlossen werden kann, ist der Antrag auf Erteilung einer einfachen Melderegisterauskunft abzulehnen und die anfragende Person, Herr F, erhält eine neutrale Antwort. Diese neutrale Antwort lautet: „Eine Auskunft kann aus tatsächlichen oder rechtlichen Gründen nicht oder derzeit nicht erteilt werden." Dadurch ist sichergestellt, dass aus der Antwort auf das Auskunftsersuchen keine Rückschlüsse auf den tatsächlichen Aufenthaltsort der geschützten Person gezogen werden können.

Fallbeispiel

Bedingter Sperrvermerk (2)

Rechtsgrundlage

§ 52 BMG (Bedingter Sperrvermerk)

Nr. 52 BMGVwV

Anlage 16 zur BMGVwV

Fall

Wie Fall (1).

Jetzt möchte aber nicht Herr F wissen, wo seine Kinder sind. Die Anfrage kommt von einer Frau H.

Wie ist zu verfahren?

Lösung

Fraglich ist, ob bzw. welche Auskunft Frau H erteilt werden kann.

Nach § 44 Abs. 1 BMG kann eine Person zu einer anderen Person eine einfache Melderegisterauskunft verlangen. Einfach ist die Melderegisterauskunft deswegen, weil sie sich nur auf den Familiennamen, Vornamen, einen Doktorgrad und derzeitige Anschriften sowie, sofern die Person verstorben ist, diese Tatsache bezieht.

Die Erteilung einer einfachen Melderegisterauskunft ist gem. § 44 Abs. 3 BMG nur zulässig, wenn die Identität der auskunftsersuchenden Person geklärt ist und eine Erklärung vorliegt, dass die Daten nicht für Zwecke der Werbung oder des Adresshandels verwendet werden. In diesem Fall gehen wir mal davon aus, dass Frau H ihre Identität nachgewiesen hat und auch die Erklärung abgegeben hat.

Eigentlich wäre demnach die einfache Melderegisterauskunft zu erteilen.

Es fragt sich nun aber, welche Auswirkungen der eingetragene bedingte Sperrvermerk nach § 52 Abs. 1 Nr. 2 BMG auf das weitere Verfahren hat.

Nach § 52 Abs. 2 Satz 1 BMG darf bei einem bedingten Sperrvermerk eine Melderegisterauskunft nur erteilt werden, wenn eine Beeinträchtigung schutzwürdiger Interessen ausgeschlossen werden kann. Umgekehrt heißt das, dass die Melderegisterauskunft nicht erfolgen darf, wenn die Meldebehörde eine Beeinträchtigung dieser schutzwürdigen Interessen nicht ausschließen kann.

Was diese schutzwürdigen Interessen sein können, lässt sich aus der Aufzählung in § 52 Abs. 1 BMG ableiten. So liegt ein schutzwürdiges Interesse sicherlich im Schutz vor häuslicher Gewalt. Zwar hat die Meldebehörde keine positive Kenntnis davon, ob es tatsächlich zu häuslicher Gewalt gekommen ist. Sie hat nur das Wort der meldepflichtigen Person, zu deren Gunsten der Sperrvermerk eingetragen worden ist. Allerdings darf wohl angenommen werden, dass Frauen nicht nur so zum Spaß mit ihren Kindern in ein kleines Zimmer in einem Frauenhaus ziehen und all die Einschränkungen in Kauf nehmen, die damit verbunden sind. Der Einzug in ein Frauenhaus ist daher ein starkes Indiz dafür, dass es zu häuslicher Gewalt gekommen ist. Und es ist auch nicht auszuschließen, dass es erneut zu häuslicher Gewalt kommen wird, wenn es bereits zu häuslicher Gewalt gekommen ist. Das entspricht nicht zuletzt der Lebenserfahrung.

Es fragt sich nun aber, ob eine solche Beeinträchtigung schutzwürdiger Interessen von Frau H ausgeht.

Hier ist der Wortlaut zu beachten. Die Melderegisterauskunft ist zu erteilen, wenn die Beeinträchtigung schutzwürdiger Interessen ausgeschlossen werden kann. Das Ergebnis der Prüfung kann aber nur auf „ist ausgeschlossen" lauten, wenn keine hinreichenden Anhaltspunkte für eine Beeinträchtigung vorliegen. Das war bei Herrn F der Fall, da die Flucht in das Frauenhaus ein Indiz für seine Gewalttätigkeit war.

Bei Frau H gibt es jedoch keine Anhaltspunkte dafür, dass eine Auskunft an sie unmittelbar zu neuen Gewalttätigkeiten gegen Frau F führen wird.

Die Auskunft an Frau H muss erteilt werden.

Allerdings wirkt die Auskunftserteilung Frau F gegenüber belastend. Die Entscheidung, die Auskunft zu erteilen, ist gegenüber der betroffenen Person, zu der ein bedingter Sperrvermerk eingetragen ist, ein Verwaltungsakt. Aus diesem Grund ist Frau F vor der Auskunftserteilung rechtliches Gehör zu gewähren. Die Absicht, die beantragte Melderegisterauskunft zu erteilen, ist der betroffenen Person mitzuteilen und ihr ist die Gelegenheit zu geben, sich dazu zu äußern. Dazu kann ihr eine Frist gesetzt werden, üblicherweise zwei Wochen.

Äußert sich die betroffene Person, sind ihre Argumente in eine erneute Abwägung einzustellen. Äußert sie sich nicht oder führt die erneute Befassung zu keinem anderen Ergebnis der Abwägung, ist der betroffenen Person ein rechtsbehelfsfähiger Bescheid zu erteilen, indem die Erteilung der Auskunft angekündigt wird.

Erst nach Unanfechtbarkeit dieses Verwaltungsaktes darf die Auskunft erteilt werden. Auf diese Weise ist sichergestellt, dass sich die betroffene Person, Frau F, noch vor der Erteilung der Auskunft erklären und Umstände vortragen kann, die der Meldebehörde bei der Bewertung der Frage, ob schutzwürdige Belange beeinträchtigt sind, noch nicht bekannt waren.

Wenn wir unterstellen, dass sich Frau F in unserem Fall nicht äußert oder vielleicht sogar mit der Auskunftserteilung einverstanden erklärt, weil es sich bei Frau H um eine alte Schulfreundin handelt, ist die einfache Melderegisterauskunft an Frau H zu erteilen.

Wenn wir unterstellen, dass Frau F vorträgt, dass es sich bei Frau H um die Schwester von Herrn F handelt und die Gefahr besteht, dass sie die Meldedaten an ihn weiterleiten wird, wird die Meldebehörde bei erneuter Prüfung zu dem Ergebnis kommen, dass die Beeinträchtigung schutzwürdiger Interessen nicht ausgeschlossen werden kann. In dem Fall erhält auch Frau H eine neutrale Auskunft.

Fallbeispiel

Bedingter Sperrvermerk (3)

Rechtsgrundlage

§ 52 BMG (Bedingter Sperrvermerk)

§ 51 BMG (Auskunftssperre)

Nr. 52 BMGVwV

Anlage 16 zur BMGVwV

Fall

Wie Fall (2) und Ausgangsfall.

Der Anwalt von Frau F hat der Meldebehörde einen Brief von Herrn F zugespielt. In diesem Brief droht Herr F damit, dass er wenn er sie (Frau F) finden werde, ihr die Beine brechen werde, um ihr dann die Kinder wegzunehmen. Er werde die Kinder an einen sicheren Ort bringen und wenn sie (Frau F) die Kinder suchen und ihm „auf den Sack gehen werde" werde er sie an den Füßen aufhängen und ganz langsam ausbluten lassen.

Es liegt eine einfache Melderegisteranfrage von Herrn G vor. Herr G ist ein Bruder von Herrn F.

Wie ist zu verfahren?

Lösung

Fraglich ist, ob bzw. welche Auskunft Herrn G erteilt werden kann.

Nach § 44 Abs. 1 BMG kann eine Person zu einer anderen Person eine einfache Melderegisterauskunft verlangen. Einfach ist die Melderegisterauskunft deswegen, weil sie sich nur auf den Familiennamen, Vornamen, einen Doktorgrad und derzeitige Anschriften sowie, sofern die Person verstorben ist, diese Tatsache bezieht.

Die Erteilung einer einfachen Melderegisterauskunft ist gem. § 44 Abs. 3 BMG nur zulässig, wenn die Identität der auskunftsersuchenden Person geklärt ist und eine Erklärung vorliegt, dass die Daten nicht für Zwecke der Werbung oder des Adresshandels verwendet werden. In diesem Fall gehen wir mal davon aus, dass Herr G seine Identität nachgewiesen hat und auch die Erklärung abgegeben hat.

Eigentlich wäre demnach die einfache Melderegisterauskunft zu erteilen.

Es fragt sich nun jedoch, welche Auswirkungen der eingetragene bedingte Sperrvermerk nach § 52 Abs. 1 Nr. 2 BMG auf das weitere Verfahren hat.

Nach § 52 Abs. 2 Satz 1 BMG darf bei einem bedingten Sperrvermerk eine Melderegisterauskunft nur erteilt werden, wenn eine Beeinträchtigung schutzwürdiger Interessen ausgeschlossen werden kann. Umgekehrt heißt das, dass die Melderegisterauskunft nicht erfolgen darf, wenn die Meldebehörde eine Beeinträchtigung dieser schutzwürdigen Interessen nicht ausschließen kann.

Was diese schutzwürdigen Interessen sein können, lässt sich aus der Aufzählung in § 52 Abs. 1 BMG ableiten. So liegt ein schutzwürdiges Interesse sicherlich im Schutz vor häuslicher Gewalt. Zwar hat die Meldebehörde keine positive Kenntnis davon, ob es tatsächlich zu häuslicher Gewalt gekommen ist. Sie hat nur das Wort der meldepflichtigen Person, zu deren Gunsten der Sperrvermerk eingetragen worden ist. Allerdings darf wohl angenommen werden, dass Frauen nicht nur so zum Spaß mit ihren Kindern in ein kleines Zimmer in einem Frauenhaus ziehen und all die Einschränkungen in Kauf nehmen, die damit verbunden sind. Der Einzug in ein Frauenhaus ist daher ein starkes Indiz dafür, dass es zu häuslicher Gewalt gekommen ist. Und es ist auch nicht auszuschließen, dass es erneut zu häuslicher Gewalt kommen wird, wenn es bereits zu häuslicher Gewalt gekommen ist. Das entspricht nicht zuletzt der Lebenserfahrung.

Es fragt sich nun aber, ob eine solche Beeinträchtigung schutzwürdiger Interessen von Herrn G ausgeht.

Hierbei ist der Wortlaut zu beachten. Die Melderegisterauskunft ist zu erteilen, wenn die Beeinträchtigung schutzwürdiger Interessen ausgeschlossen werden kann. Das Ergebnis der Prüfung kann aber nur auf „ist ausgeschlossen" lauten, wenn keine hinreichenden Anhaltspunkte für eine Beeinträchtigung vorliegen. Das war bei Herrn F der Fall, da die Flucht in das Frauenhaus ein Indiz für seine Gewalttätigkeit war.

Bei Herrn G gibt es aber keine Anhaltspunkte dafür, dass eine Auskunft an ihn unmittelbar zu neuen Gewalttätigkeiten gegen Frau F führen wird.

Die Auskunft an Herrn G muss erteilt werden.

Wie ist aber der Brief des Herrn F zu bewerten, wenn man weiß, dass Herr F und Herr G Brüder sind?

Nach § 52 Abs. 2 Satz 1 BMG darf eine Melderegisterauskunft, auch wenn ein bedingter Sperrvermerk eigentlich nicht dagegenspräche, doch nicht erteilt werden, wenn die für die Eintragung einer Auskunftssperre nötigen Voraussetzungen nach § 51 Abs. 1-3 BMG gegeben sind.

Es fragt sich also, ob Tatsachen vorliegen, die die Annahme rechtfertigen, dass Frau F oder ihren Kindern durch die Melderegisterauskunft an Herrn G eine Gefahr für Leben, Gesundheit, persönliche Freiheit oder ähnliche schutzwürdige Interessen erwachsen könnte.

Auch hier geht es wieder um eine wertende Betrachtung und Prognose.

Die Drohungen des Herrn F gegen Frau F und die Kinder sind schon recht konkret und richten sich gegen Leben, Gesundheit und persönliche Freiheit von Frau F und ihren Kindern, auch wenn sich Zeit und Ort noch nicht bestimmen lassen. Für die Annahme, dass dies überragend wichtigen Rechtsgüter betroffen sein könnten, ist eine abstrakte Gefahr aber völlig ausreichend.

Bei der Interessenabwägung sind mögliche Gesundheitsgefährdungen einerseits zu berücksichtigen, andererseits aber auch das Recht des anderen Elternteils zum Zugang zu den eigenen Kindern. Zu beachten ist aber auch, ob die Ehefrau in ein Frauenhaus zieht, werden Kontaktverbote erlassen werden, es nachweislich zu häuslicher Gewalt kam oder es zu Drohungen gegenüber den Auskunftsinteressen des Vaters kommt.

Hier ist bei der Interessenabwägung auch zu berücksichtigen, dass es sich bei dem Auskunftsersuchenden, Herrn G, um den Bruder des Herrn F handelt. Das muss nicht notwendigerweise heißen, dass Herr G Herrn F auch die Meldedaten zur Verfügung stellt, damit dieser seine Drohungen umsetzen kann. Der Wortlaut des § 51 Abs. 1 Satz 1 BMG verlangt aber nur, dass Tatsachen vorliegen (der Brief), die die Annahme rechtfertigen, aus der Melderegisterauskunft könnte (nicht müsste!) eine Gefahr für Leben, Gesundheit, persönliche Freiheit oder ähnliche schutzwürdige Interessen erwachsen. Die begründete Annahme dieser Umstände führt dazu, dass die Beeinträchtigung der schutzwürdigen Interessen aus § 52 Abs. 2 BMG nicht ausgeschlossen werden kann.

Die Auskunft darf nicht an Herrn G erteilt werden.

Fallbeispiel

Bedingter Sperrvermerk (4)

Rechtsgrundlage

§ 52 BMG (Bedingter Sperrvermerk)

Nr. 52 BMGVwV

Anlage 16 zur BMGVwV

Fall

Wie Fall (3).

Frau F zieht aus dem Frauenhaus aus und geht mit ihren Kindern zu ihren Eltern und meldet sich dort an. Die Wohnung der Eltern liegt auch im Bezirk der Meldebehörde.

Herr F möchte eine Melderegisterauskunft. Über Gewalttätigkeiten seiner Frau gegenüber ist der Meldebehörde nichts bekannt. Den in Fall (3) erwähnten Brief gibt es nicht.

Wie ist zu verfahren?

Lösung

Fraglich ist, ob bzw. welche Auskunft Herrn F erteilt werden kann.

Nach § 44 Abs. 1 BMG kann eine Person zu einer anderen Person eine einfache Melderegisterauskunft verlangen. Einfach ist die Melderegisterauskunft deswegen, weil sie sich nur auf den Familiennamen, Vornamen, einen Doktorgrad und derzeitige Anschriften sowie, sofern die Person verstorben ist, diese Tatsache bezieht.

Die Erteilung einer einfachen Melderegisterauskunft ist gemäß § 44 Abs. 3 BMG nur zulässig, wenn die Identität der auskunftsersuchenden Person geklärt ist und eine Erklärung vorliegt, dass die Daten nicht für Zwecke der Werbung oder des Adresshandels verwendet werden. In diesem Fall gehen wir mal davon aus, dass Herr F seine Identität nachgewiesen hat und auch die Erklärung abgegeben hat.

Eigentlich wäre demnach die einfache Melderegisterauskunft zu erteilen.

Es fragt sich nun aber, welche Auswirkungen der eingetragene bedingte Sperrvermerk nach § 52 Abs. 1 Nr. 2 BMG auf das weitere Verfahren hat.

Nach § 52 Abs. 1 Nr. 2 BMG wird der bedingte Sperrvermerk für die derzeitige Anschrift der Person eingetragen, die aktuell in einem Frauenhaus gemeldet ist. Der bedingte Sperrvermerk bezieht sich auf die spezifische Einrichtung, nicht auf die Person. Das unterscheidet den bedingten Sperrvermerk von der Auskunftssperre nach § 51 BMG.

Frau F ist nicht mehr in einer Einrichtung zum Schutz vor häuslicher Gewalt. Sie ist bei ihren Eltern gemeldet. § 52 BMG ist nicht mehr auf sie anwendbar.

Die Auskunft ist zu erteilen. Und zwar wie eine ganz normale einfache Melderegisterauskunft nach § 44 BMG. Der Ablauf ist in einem Ablaufdiagramm in Anlage 9 zum BMGVwV beschrieben.